내 마음대로 꾸미는 나만의 띠부띠부

아르미 공작소의
띠부띠부
꾸미기 놀이

아르미 박사 지음

아르미 박사와 치타부의 유튜브 미공개 도안 10종!

모든 도안 QR코드 만들기 동영상 수록!

오리고 붙이고 꾸미며 창의력 뿜뿜! 상상력 쑥쑥!

아르미 박사

치타부

햄동이

크림

버터

버찌

오디

3

아르미 박사

이것저것 만들기를 좋아하는 아르미 박사

치타부

빠른 달리기 능력으로 친구를
돕고 싶은 밤톨머리 치타, 치타부

똘망똘망 눈매의 토끼, 크림이와
크림이만 바라보는 크림바라기 토끼, 버터

함께 장난치기 좋아하는 최고의 콤비,
토끼 버찌와 고양이 오디

햄동이

빵빵한 볼주머니의 대식가 햄스터, 햄동이

여러분, 안녕~!! 아르미 박사입니다 🍎

유튜브 아르미 공작소 채널에서 여러 캐릭터들과 함께 다양한 만들기 콘텐츠를 제작하고 있어요!

이번에 제가 준비한 책은 여러분의 상상력을 마음껏 펼칠 수 있는 꾸미기 놀이책이에요! 꾸미기를 주제로 한 10가지 귀여운 도안이 들어 있어요. 유튜브에서 볼 수 없는 미공개 도안들과 일러스트들도 준비되어 있답니다. 이번 도안들은 제가 좋아하는 파스텔 톤의 색감을 잔뜩 사용해서, 완성했을 때 아주 귀엽고 사랑스러운 작품들이 될 거예요.

저는 어릴 때부터 손으로 뭔가를 만드는 걸 정말 좋아했어요. 종이를 접고, 자르고, 붙이는 동안 시간이 훌쩍 지나가곤 했죠. 그때 느꼈던 기쁨과 성취감을 여러분과 함께 나누고 싶어서 이 책을 만들게 되었어요. 단순히 도안을 따라 만드는 것이 아니라, 여러분이 직접 꾸미고, 조합하고, 아이디어를 더할 수 있어요. 세상에 하나뿐인 나만의 특별한 작품으로 재탄생시켜 보길 바랄게요!

가족이나 친구들과 함께 만들어보면 그 재미가 두 배가 될 거예요! 완성된 작품을 서로 자랑하고, 함께 웃는 순간이 더욱 특별할 거예요. "아르미 공작소의 띠부띠부 꾸미기 놀이"가 여러분에게 즐거운 경험과 추억이 되면 좋겠습니다 🖤

그럼 이제, 같이 만들러 가볼까요? 고고!

캐릭터를 소개합니다!

아르미 박사

유튜버로 데뷔한 아르미 박사.
곱슬곱슬한 앞머리가 포인트. 귀엽고 아기자기한 것을 좋아한다.
금손이 되고 싶어 하지만 열정에 비해 만들기 솜씨는…?

성격 이것저것 만들기를 좋아한다. 실험적인 것들도 많이 만
든다. 만들기를 실패해도 금방 훌훌 털어버리는 밝고 긍정
적인 성격.

치타부

밤톨머리 곱슬 치타. 누구보다 빠른 달리기 실력으로
친구들을 돕는 영웅이 되고 싶어 한다.

성격 도움이 필요한 친구를 그냥 지나치지 못하는
착한 마음씨의 보유자.

행동이

먹을 것을 좋아하는 대식가 햄스터. 유난히 짧은 팔다리가 매
우 귀엽다. 마법의 볼주머니가 있어서 음식이 아니라 다른 소
지품도 보관할 수 있다는 소문이…?

성격 애교가 많고 해맑고 순수한 성격. 너무 순수해서 가
끔 생각지도 못한 대범한 행동을 한다.

크림

똘망똘망한 눈매와 쫑긋 솟은 귀가 매력 포인트인 토끼.

 성격 　유행에 민감한 멋쟁이. 말투와 목소리는 까칠하고 예민
해 보일 수 있지만 정이 많고 남을 잘 챙겨준다.

버터

눈과 똑같은 각도의 눈썹, 토끼인데 처진 눈매와 처진
귀가 포인트. 여자친구인 크림이를 향한 애정 표현이
거침없는 크림바라기.

 성격 　여유 있고 느긋한 스타일. 말하는 속도도 성
격만큼이나 느릿느릿해서 크림이에게 자주
한 소리를 듣곤 한다.

버찌

연분홍색 하트 모양의 귀와 곱슬곱슬한 털.
깜찍한 얼굴을 가진 토끼 버찌는 끊임없이 장난을 칠 생각을 한다.

성격 　항상 새로운 것을 찾아 어디로 튈지 모르는 천방지축 장
난꾸러기. 오디와 함께 어떤 장난을 칠지 고민하는 것이
최고의 행복이다.

오디

연보라색 하트 모양의 귀와 곱슬곱슬한 털.
새침하고 귀여운 얼굴이 포인트인 고양이

 성격 　늘 새침하고 무심한 척하지만
누구보다 버찌와 놀기를 가장 좋아한다.

차례

PART1   만들기 전 꼭 필요한 준비물

PART2   재미있게 만들고 예쁘게 꾸미는 방법

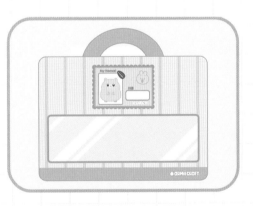

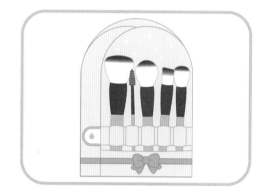

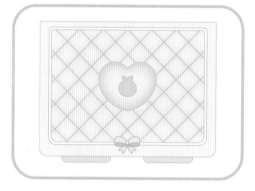

PART3 만들기 도안

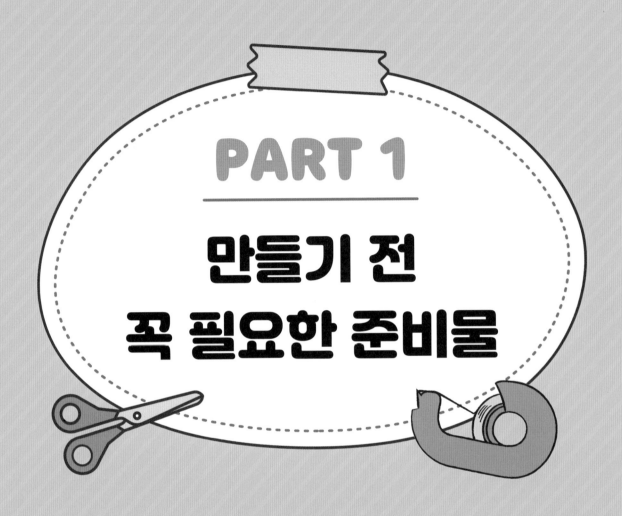

PART 1

만들기 전
꼭 필요한 준비물

필요한 도구와 재료, 사용법을 소개합니다!

 꾸미기 놀이 도안을 만들 때 필요한 도구와 재료들을 소개해요.

① 도안 코팅하기

띠부띠부 놀이를 할 때에는 도안을 양면으로 코팅해주세요. 코팅지를 사용하면 떼었다 붙였다 하기 쉽고, 도안이 구겨지거나 찢어지는 걸 막아줘서 오랫동안 가지고 놀 수 있어요.

손 코팅지

코팅 기계 없이 손으로 코팅할 수 있는 손 코팅지예요. 다만 양면 코팅을 할 땐 2장이 필요하답니다.

Tip 아르미 박사님은 PVC 재질의 손 코팅지를 주로 사용하고 있어요. 일반 문구점에서 판매하는 손 코팅지보다 부드럽고, 날카롭게 잘리지 않아서 좋아요.

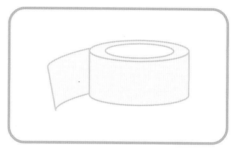

투명 박스 테이프

손 코팅지가 없을 땐, 투명 박스 테이프로 코팅할 수 있어요.

② 도안 붙였다 떼기

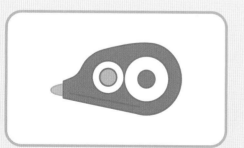

양면 풀 테이프

아르미 박사님은 수정 테이프처럼 바르는 형식의 양면테이프를 사용하고 있어요. 잘라서 쓰는 양면테이프를 사용해도 된답니다.

③ 도안 오리기

가위 / 칼

도안을 자를 때 사용하는 가장 기본적인 도구예요. 날카로운 도구를 사용할 땐 항상 조심하세요.

④ 도안 조립하기

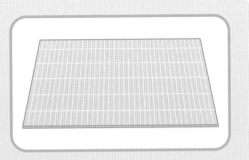

커팅 매트

커팅 매트를 사용하면 책상에 흠집이 나는 것을 막을 수 있고 도안이 움직이지 않아 훨씬 안전하고 쉽게 자를 수 있어요.

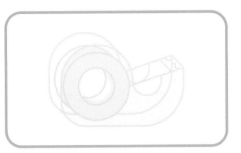

얇은 투명 테이프

책 형태로 펼쳤다 접었다 할 수 있도록 두 배경을 연결할 때 쓰거나, 소품 파츠들을 조립할 때 사용해요.

⑤ 도안에 글씨 쓰기

보드마커

코팅된 도안에 글씨를 적을 때 사용해요. 보드마커를 사용하면 휴지나 지우개로 썼다 지우면서 놀이할 수 있어요.

만들기 기호를 소개합니다!

 도안을 오리고, 조립할 때 사용하는 기호를 소개해요.

기호	이름	사용법
─────────────	실선	가위나 칼로 오려요.
─────────────	붉은 선	도안을 붙이는 기준 선이에요.
✂	가위	가위 표시가 있는 부분을 오려내요.
▬	네모 상자	표시된 부분에 양면테이프를 붙여요.

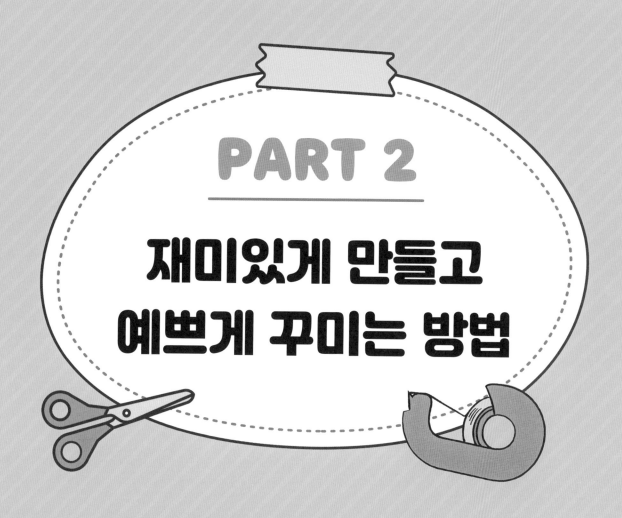

PART 2

재미있게 만들고 예쁘게 꾸미는 방법

01

미니어처 하우스 꾸미기

"다 같이 모여 살면
매일매일이 재미있을 거야!!"

아르미 공작소 친구들이 다 함께 모여서
살 수 있는 2층 집을 꾸며주세요!
소파, 테이블, 조명, 벽 장식, 러그, 액자 등
다양한 가구와 소품들이 준비되어 있답니다!
나만의 아늑한 공간으로 만들어봐요!

도안 미리보기

표지

표지 뒷면(배경1)
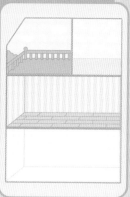

뒤표지

뒤표지 뒷면(배경2)
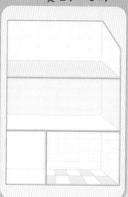

버클 & 주머니 파츠

소품 페이지 1
(소품 & 보관함)

소품 페이지 2
(소품 & 보관함)

소품 페이지 3
(소품 & 보관함)

소품 페이지 4
(소품 & 보관함)

소품 페이지 5
(소품 & 보관함)

소품 페이지 6
(소품 & 보관함)
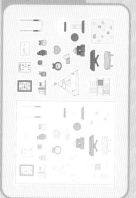

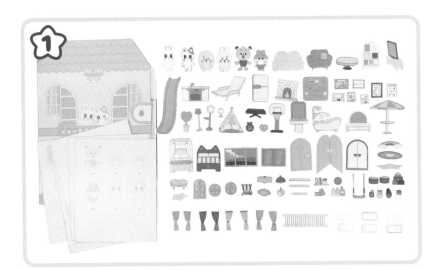

① 총 9장의 미니어처 하우스 꾸미기 도안 의 앞, 뒷면을 모두 코팅하고, 잘라서 준 비합니다.

② 뒤표지 도안과 주머 니 파츠를 준비해요.

③ 표시된 부분에 투명 테이프를 붙여 주머 니 형태로 만들어요.

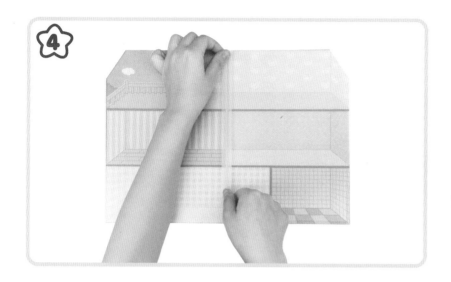

배경 도안을 준비해요.
두 페이지 사이에 약
간의 틈을 주고 정렬
한 뒤, 투명 테이프를
사용해서 연결해요.

Tip 두 도안 사이에 살짝 틈이
있어야 잘 접혀요.

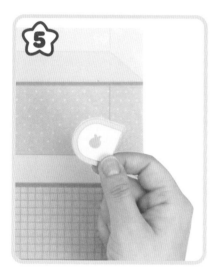
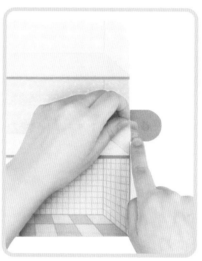

버클 파츠를 준비하
고, 투명 테이프로
버클 파츠를 붙여요.

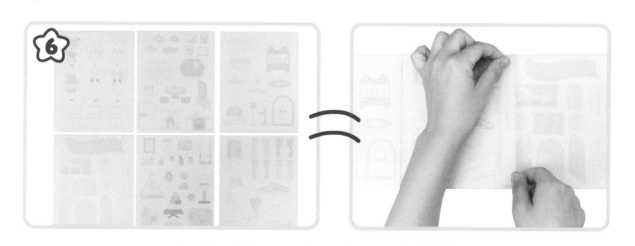

소품 보관함 페이지 6장을 준비하고, 투명 테이프로 소품 보관함 페이지를 연결해요.

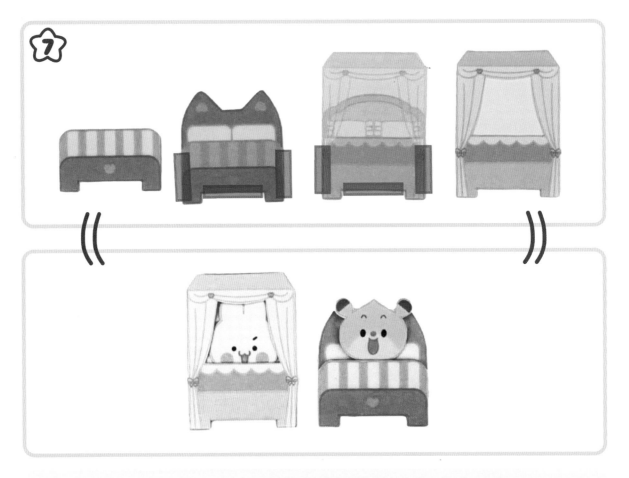

침대 파츠들을 준비하고, 표시된 부분에 테이프를 붙여 앞뒤 파츠를 연결해요.

Tip 캐릭터들이 들어가서 잠을 잘 수 있어요.

소품 파츠들을 준비해요. 뒷면에 양면테이프를 바른 뒤, 알맞은 위치에 붙여서 보관해요.

버클 파츠에 양면테
이프를 붙이고, 도안
을 닫아서 정리해요.

소품 페이지는 배경
뒷면의 주머니에 넣
어서 보관해요.

미니어처 하우스 꾸
미기 놀이 도안이 완
성되었어요.

방마다 가구와 소품을
배치해서 나만의 미
니어처 하우스를 꾸
며보세요!

02

햄스터 하우스 꾸미기

"햄스터를 키워요!
이름은 햄햄이로 지어줘야지!"

밥그릇, 물병, 집, 그리고 귀여운 장식품들까지
원하는 대로 조합해 나만의 햄스터 하우스를 꾸며봐요!
햄스터를 돌볼 때 필요한 필수 물품들이 소품으로 준비되어 있어,
실제로 키우는 듯한 느낌을 받을 수 있답니다!
이름을 지어주고, 햄스터를 위한 작은 세상을 완성해보세요.
오늘은 어떤 햄스터와 함께할지 기대되지 않나요?

도안 미리보기

표지

표지 뒷면(배경1)

뒤표지 & 주머니 파츠

배경2

소품 & 파츠 보관함1

소품 & 파츠 보관함2

소품 & 파츠 보관함3

소품 & 파츠 보관함4

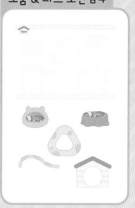

소품 & 파츠 보관함5

만들고 꾸미는 방법

①

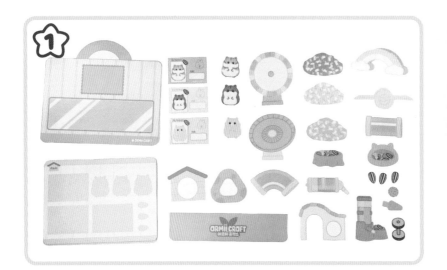

총 7장의 햄스터 하우
스 꾸미기 도안의 앞,
뒷면을 모두 코팅하고,
잘라서 준비해요.

②

배경 뒷면과 주머니
파츠를 준비하고, 배
경 뒷면의 표시된 부
분에 투명 테이프를
붙여 주머니 형태로
만들어요.

③

배경 도안들을 준비
하고, 가운데를 투명
테이프로 연결해요.

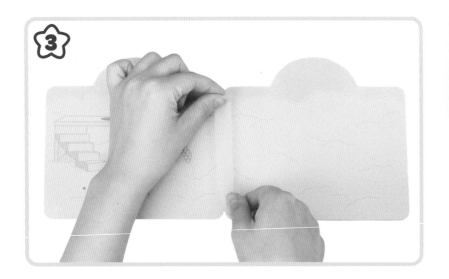

④

소품 보관함 페이지
5장을 준비해요.

⑤

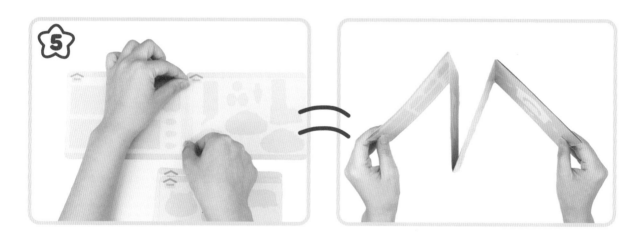

투명 테이프로 소품 보관함 페이지를 연결해요.

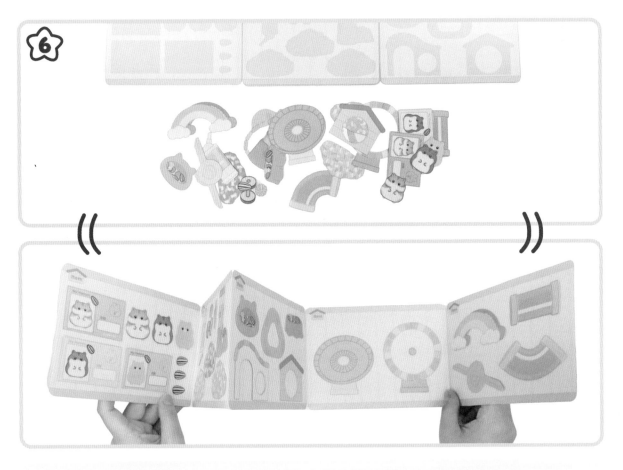

소품 파츠들을 준비해요. 뒷면에 양면테이프를 바른 뒤, 알맞은 위치에 붙여서 보관해요.

소품 페이지는 배경
뒷면의 주머니에 넣
어서 보관해요.

8

햄스터 하우스 꾸미
기 놀이 도안이 완성
되었어요.

9

햄스터의 이름을 짓
고, 네임 카드에 이름
을 적어요.

Tip 보드마커로 쓰면 썼다 지웠
다 할 수 있어요.

10

키우고 싶은 햄스터
를 고르고 햄스터를
위한 멋진 집으로 꾸
며주세요!

03

꽃다발 꾸미기

"누구에게 줄 꽃다발을
만들어볼까?"

예쁜 꽃들이 가득한
아르미 꽃가게에 어서 오세요!
아르미 꽃가게의 포인트!
원하는 캐릭터를 골라서
꽃다발과 함께 포장해요!
화려한 꽃들 사이에 귀여움이 담겨 있답니다!

도안 미리보기

표지 & 뒤표지

배경1 & 배경2

꽃 보관함 페이지
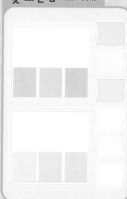

소품 보관함 페이지
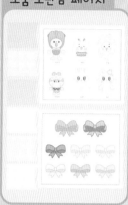

꽃다발 포장지

꽃 파츠1
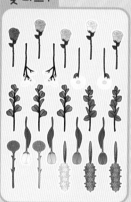

꽃 파츠2
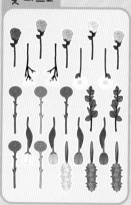

주머니 & 꾸미기 파츠

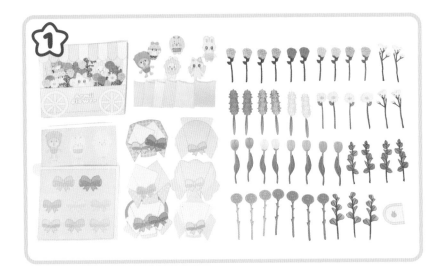

총 6장의 꽃다발 꾸미기 도안의 앞, 뒷면을 모두 코팅하고, 잘라서 준비해요.

배경 파츠와 주머니 파츠를 준비해요.

표시된 부분에 투명 테이프를 붙여 주머니 형태로 만들어요.

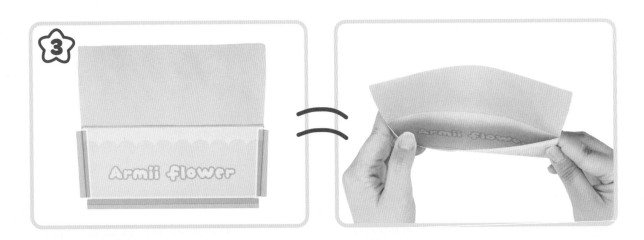

두 배경 도안을 준비하고, 가운데를 투명 테이프로 연결해요.

Tip 두 도안 사이에 살짝 틈이 있어야 잘 접혀요.

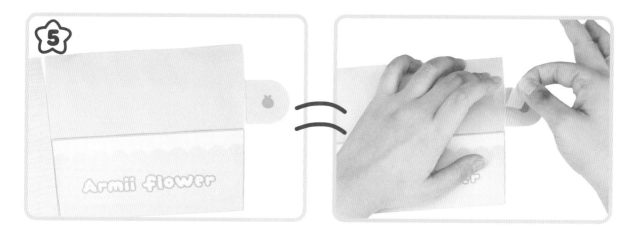

버클 파츠를 준비하고, 투명 테이프로 버클 파츠를 붙여요.

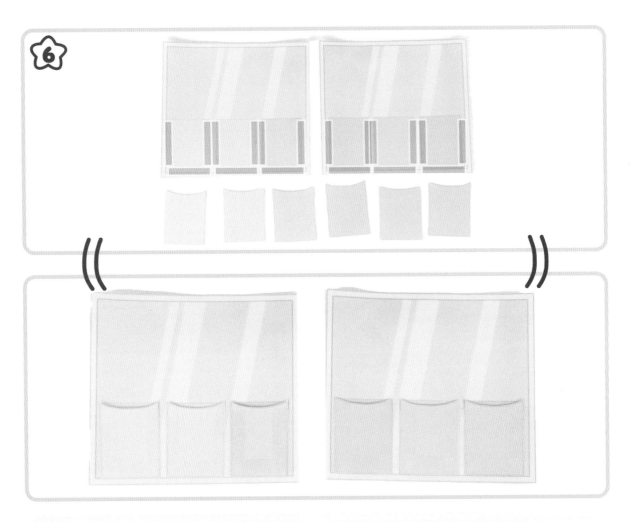

꽃 보관함 페이지와 주머니 파츠를 준비해요. 표시된 부분에 투명 테이프를 붙여 주머니 형태로 만들어요.

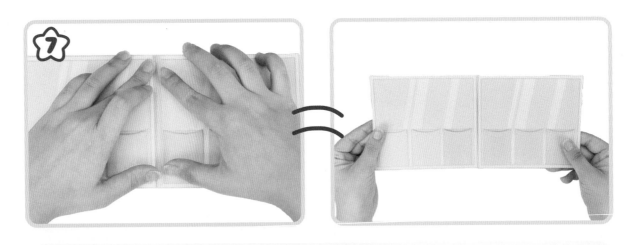

꽃 보관함 페이지 가운데를 투명 테이프로 연결해요.

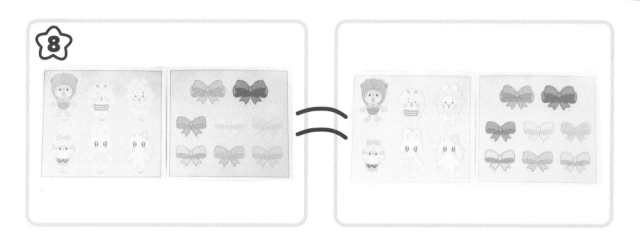

8

보관함에 맞는 파츠들을 준비해요. 뒷면에 양면테이프를 바른 뒤, 보관함 페이지에 붙여서 보관해요.

9

꽃 파츠들을 준비하고, 주머니에 꽂아서 보관해요.

10

놀이북 안쪽 주머니에 꽃다발 포장지와, 소품 보관함 페이지를 넣어 정리해요.

버클 파츠에 양면테
이프를 붙여요.

꽃다발 꾸미기 놀이
도안이 완성되었어요.

화려하고, 예쁜 나만의
꽃다발 꾸미기 놀이를
해보세요!

04

파르페 꾸미기

"너무 귀여워서
먹을 수가 없어!"

알록달록한 과일과 달콤한 크림이
층층이 쌓여 있는 파르페!
꼭대기엔 귀여운 오디 모양의 초콜릿도 있네요!

아이스크림, 시리얼, 쿠키, 과일, 젤리 등
다양한 재료들이 준비되어 있어요
좋아하는 과일과 귀여운 캐릭터 토핑을 골라
나만의 파르페를 만들어보세요!

도안 미리보기

표지

표지 뒷면(배경1)

뒤표지

뒤표지 뒷면(배경2)

컵, 스푼, 주머니 파츠

소품 보관함 페이지1

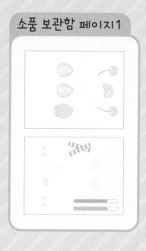

소품 보관함 페이지2

파르페 꾸미기 파츠1

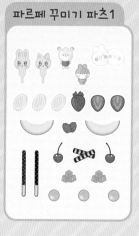

파르페 꾸미기 파츠2

만들고 꾸미는 방법

① 총 7장의 파르페 꾸미기 도안의 앞, 뒷면을 모두 코팅하고, 잘라서 준비해요.

② 뒷면 배경 파츠와 주머니 파츠를 준비해요.

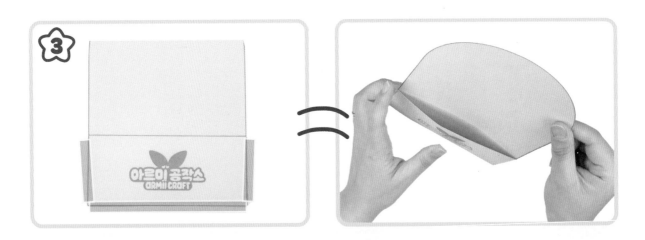

③ 표시된 부분에 투명 테이프를 붙여 주머니 형태로 만들어요.

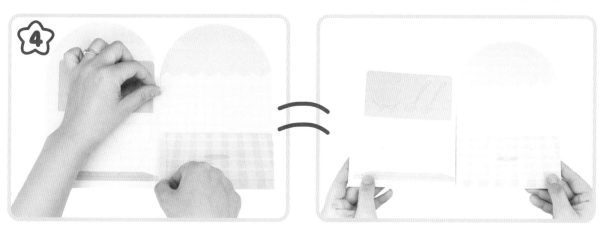

두 배경 도안을 준비하고, 가운데를 투명 테이프로 연결해요.

Tip 두 도안 사이에 살짝 틈이 있어야 잘 접혀요.

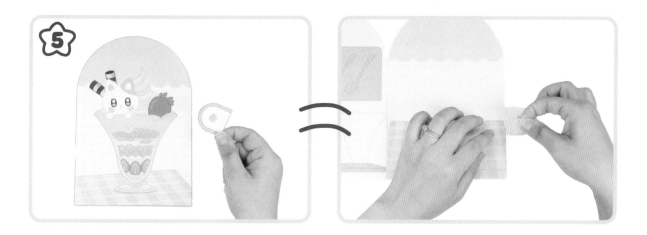

버클 파츠를 준비하고, 투명 테이프로 버클 파츠를 붙여요.

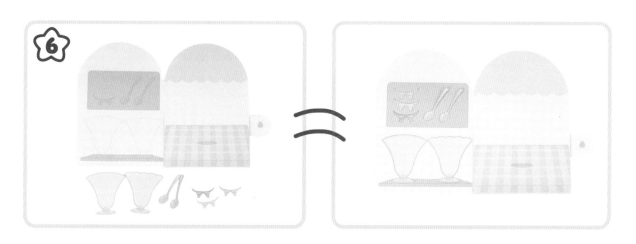

컵, 스푼, 리본 파츠를 준비하고, 사진을 참고해서 소품을 정리해요.

소품 보관함 페이지를 준비하고, 투명 테이프로 페이지들을 연결해요.

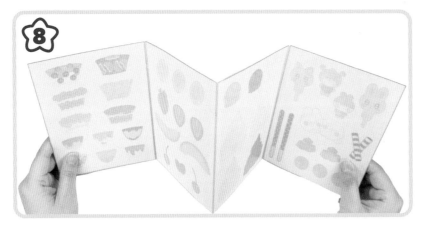

지그재그 모양으로 접어서 보관할 수 있어요.

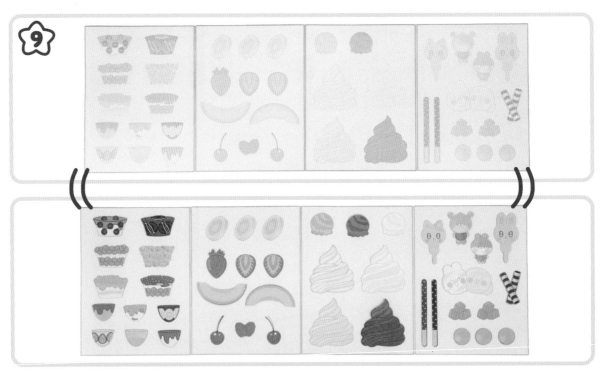

사진을 참고해서 소품을 정리해요. 뒷면에 양면테이프를 바른 뒤, 알맞은 위치에 붙여서 보관해요.

꾸미기 파츠를 붙인
소품 보관함 페이지는
배경 뒷면의 주머니에
넣어서 보관해요.

버클 파츠에 양면테
이프를 붙이고, 도안
을 닫아서 정리해요.

파르페 꾸미기 놀이
도안이 완성되었어요.

좋아하는 재료들을
골라서 나만의 파르
페 꾸미기 놀이를 해
보세요!

05

어항 꾸미기

"푸릇푸릇 귀여운 마리모를 키워볼까?"

바닥재와, 배경, 여러 파츠들을 골라서
나만의 어항을 꾸며보세요!

치타부와 햄동이 모양을 한 마리모, 불가사리로 변한 버터와 크림,
해마를 타고 있는 버찌와 오디, 그리고 인어 박사님이 된 아르미 박사까지!
다양한 생물을 어항 속에서 키울 수 있어요!

도안 미리보기

표지

표지 뒷면(배경1)

배경2

배경2 뒷면

소품 보관함 페이지1

소품 보관함 페이지1 뒷면

물 보관함 & 꾸미기 파츠1

물 보관함 & 꾸미기 파츠2

물 보관함 & 꾸미기 파츠3

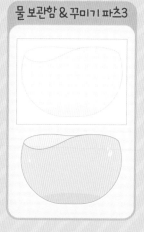

바닥 보관함 & 꾸미기 파츠

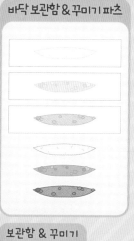

배경 보관함 & 꾸미기 파츠

배경 꾸미기 파츠

보관함 & 꾸미기 파츠

보관함 & 꾸미기 파츠 & 버클 파츠

만들고 꾸미는 방법

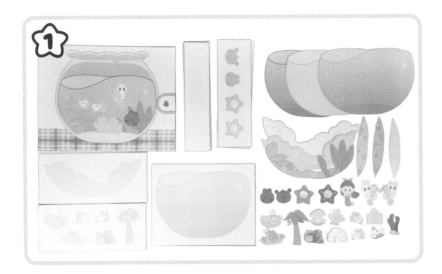

총 11장의 어항 꾸미기 도안의 앞, 뒷면을 모두 코팅하고, 잘라서 준비해요.

배경 도안을 준비해요. 두 페이지 사이에 약간의 틈을 주고 정렬한 뒤, 투명 테이프를 사용해서 연결해요.

Tip 두 도안 사이에 살짝 틈이 있어야 잘 접혀요.

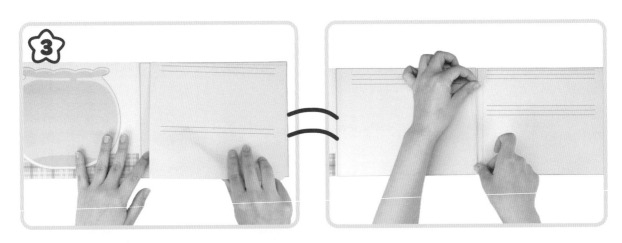

소품 보관 페이지1을 준비해요. 배경2 페이지 오른쪽과 소품 보관 페이지1을 투명 테이프로 연결해요.

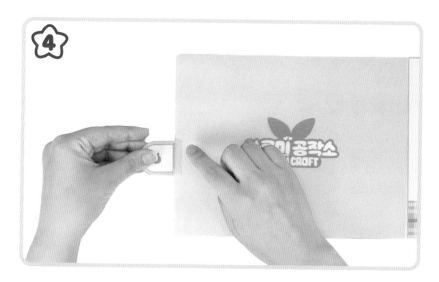

버클파츠를 준비해요.
배경2의 뒷면에 투명
테이프로 버클 파츠
를 붙여요.

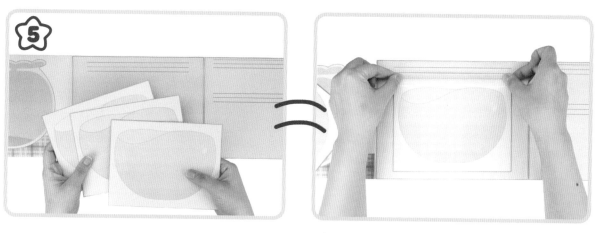

물 보관함 파츠를 준비하고, 배경2의 빨간 선에 맞춰서, 물 보관함 파츠의 위쪽을 테이프
로 붙여요.

Tip 맨 아래에 있는 빨간 선부터 순서대로 붙여요.

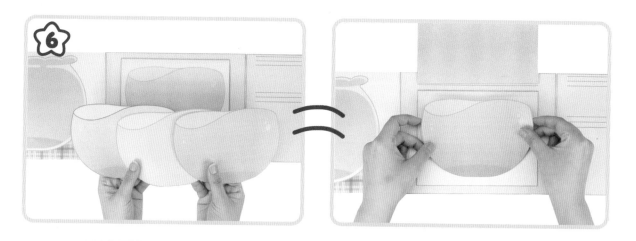

각각의 물 보관함 파츠에 맞는 파츠들을 준비해요. 뒷면에 양면테이프를 바른 뒤, 알맞
은 물 보관함 파츠에 붙여요.

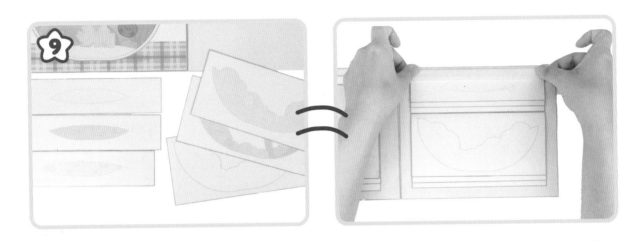

배경 보관함 파츠, 바닥 보관함 파츠를 준비해요. 아래쪽 빨간 선에는 배경 보관함 파츠를, 위쪽 빨간 선에는 바닥 보관함 파츠들을 붙여요.

보관함에 맞는 꾸미기 파츠들을 준비해요. 뒷면에 양면테이프를 바른 뒤, 보관함 페이지에 붙여서 보관해요.

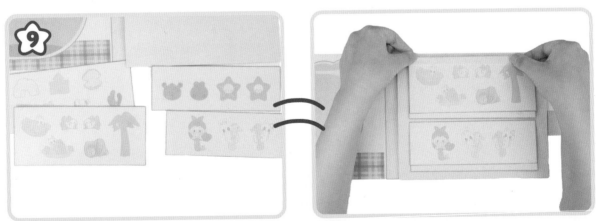

나머지 소품 파츠 보관함과, 캐릭터 파츠 보관함을 준비해요. 아래쪽 빨간 선에는 캐릭터 보관함 파츠를, 위쪽 빨간 선에는 소품 파츠 보관함을 붙여요.

보관함에 맞는 꾸미기
파츠들을 준비해요.
뒷면에 양면테이프를
바른 뒤, 보관함 페이
지에 붙여서 보관해요.

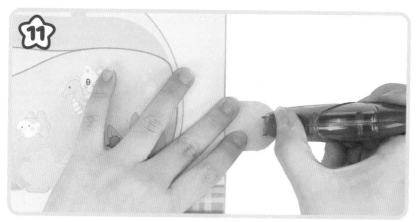

버클 파츠에 양면테
이프를 붙여요.

어항 꾸미기 놀이 도
안이 완성되었어요.

다양한 파츠들을 조합
해서, 나만의 어항을
꾸며보세요!

06

책상 꾸미기

"아르미 박사님의 책상은
어떤 모습일까?"

열심히 만들기를 하다보니,
아르미 박사님의 책상이 너무 어질러졌네요!
책상 위를 조금만 치워볼까요?
깨끗해지면 더 재미있는 아이디어가 떠오를지도 몰라요!
아르미 박사님을 위해 책상을 정리해주세요!

도안 미리보기

표지

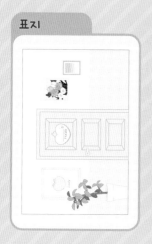

표지 뒷면(배경1)

배경2

배경2 뒷면

꾸미기 파츠1

꾸미기 파츠2
& 버클 파츠

꾸미기 파츠3

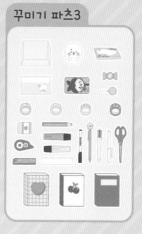

만들고 꾸미는 방법

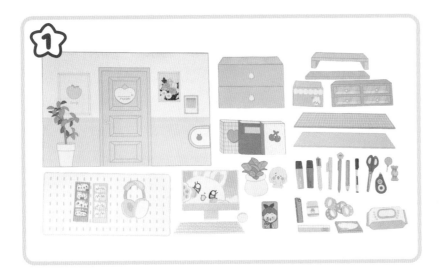

① 총 5장의 책상 꾸미기 도안의 앞, 뒷면을 모두 코팅하고, 잘라서 준비해요.

② 네임펜으로 방 주인의 이름을 적어요.

Tip 코팅한 도안에 보드마커로 쓰면 썼다 지울 수 있어요.

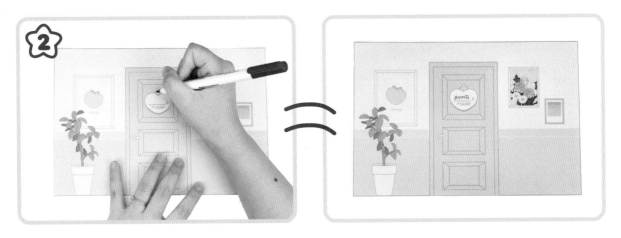

③ 두 배경 도안을 준비하고, 가운데를 투명 테이프로 연결해요.

Tip 두 도안 사이에 살짝 틈이 있어야 잘 접혀요.

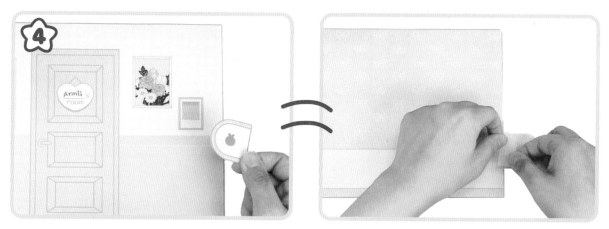

버클 파츠를 준비하고, 투명 테이프로 버클 파츠를 붙여요.

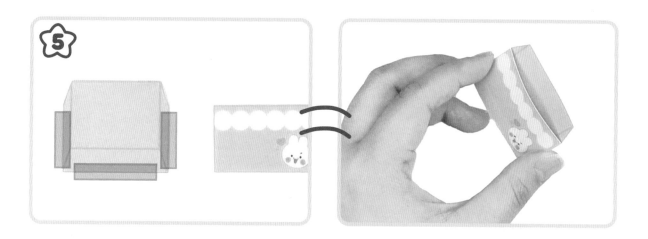

연필꽂이 파츠를 준비해요. 표시된 부분에 투명 테이프를 붙여 주머니 형태로 만들어요.

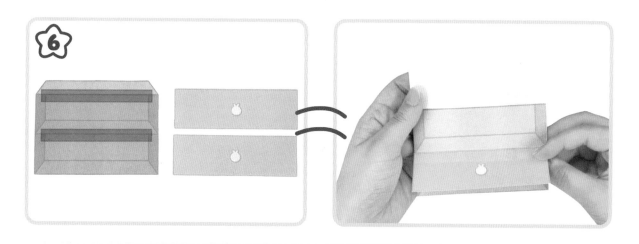

서랍과 서랍 뚜껑 파츠를 준비해요. 서랍 뚜껑 위쪽에 테이프를 붙인 뒤, 아래 칸부터 붙여요.

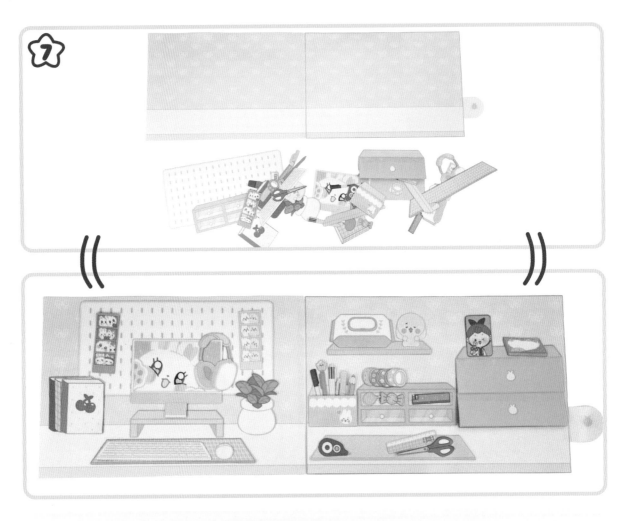

남아 있는 소품들의 뒷면에 양면테이프를 칠한 뒤, 배경에 붙여서 보관해요.

버클 파츠에 양면테이프를 칠한 뒤, 도안을 닫아서 정리해요.

9

책상 꾸미기 놀이북이
완성되었어요.

10

소품들을 정리하고 배치하면서 나만의 책상을 꾸며보세요!

07

헤어 꾸미기

"같이 외출 준비해요!
어떤 헤어 스타일이 어울릴까?"

아르미 박사님의 외출 준비를 도와주세요!
오늘 입은 옷에 어울리는 헤어 스타일링이 필요해요!
앞머리 파츠 6개와 뒷머리 파츠 8개를 조합하면
무려 48가지의 헤어 스타일링이 가능하답니다!
다양한 액세서리도 빼놓을 수 없죠!
나만의 개성을 살린 오늘의 코디를 연출해보세요!

도안 미리보기

표지

표지 뒷면(배경1)
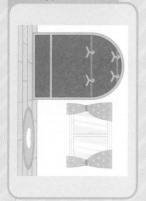

뒤표지
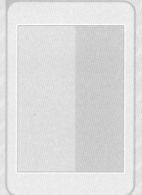

배경2

책상 & 주머니 파츠 & 버클 파츠

소품 보관함 페이지1

헤어 보관함 페이지1

헤어 보관함 페이지2

앞머리 파츠 & 보관함1

앞머리 파츠 & 보관함2

뒷머리 파츠 & 보관함1

뒷머리 파츠 & 보관함2

뒷머리 파츠 & 보관함3 & 미용 도구 파츠

뒷머리 파츠 & 보관함4 & 헤어 액세서리 파츠
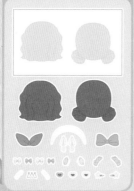

총 12장의 헤어 꾸미기 도안의 앞, 뒷면을 모두 코팅하고, 잘라서 준비해요.

옷장 문 파츠를 준비하고, 위치에 맞춰 각각 왼쪽과 오른쪽을 투명 테이프로 연결해요.

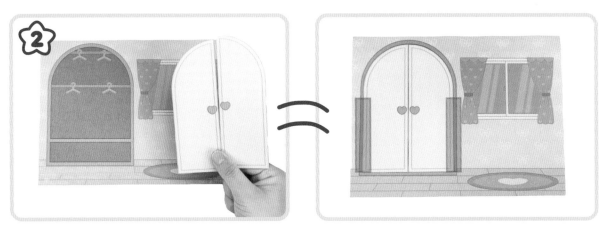

열고 닫을 수 있는 옷장이 완성되었어요.

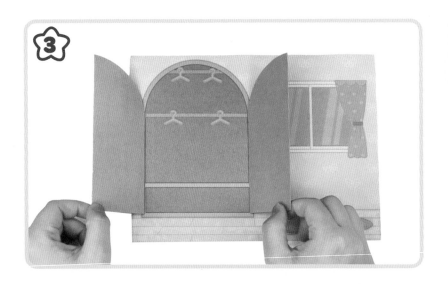

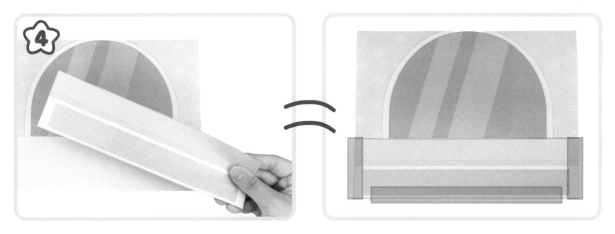

거울이 그려진 배경 파츠와 책상 파츠를 준비해요. 표시된 부분에 투명 테이프를 붙여 주머니 형태로 만들어요.

Tip 아르미 박사 캐릭터를 끼워서 놀 수 있어요.

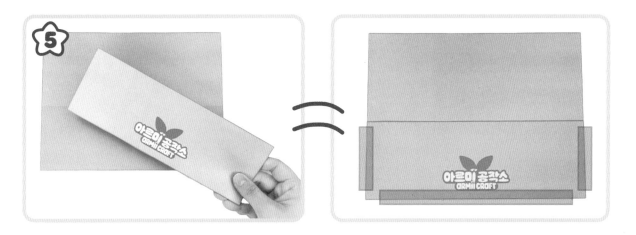

뒷면에 주머니 파츠를 붙여 주머니 형태로 만들어요.

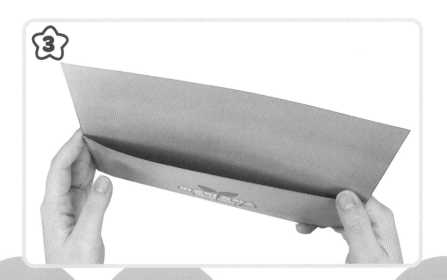

뒤표지에 주머니가
완성되었어요.

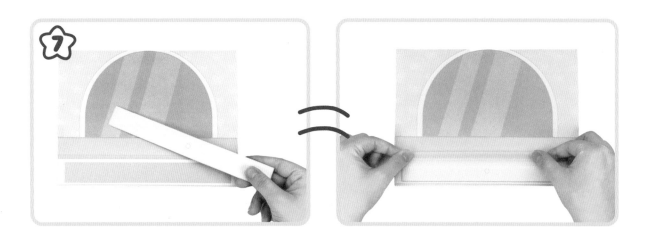

책상 서랍 파츠를 준비해요. 서랍을 열고 닫을 수 있도록, 서랍 뚜껑 위쪽에 투명 테이프를 붙여요.

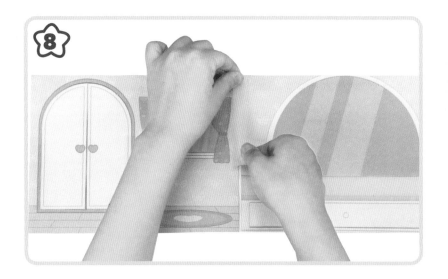

배경 도안을 준비해요. 두 페이지 사이에 약간의 틈을 주고 정렬한 뒤, 투명 테이프를 사용해서 연결해요.

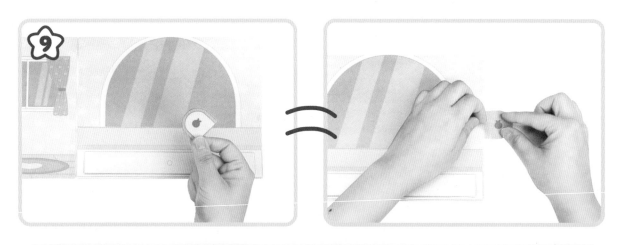

버클 파츠를 준비하고, 투명 테이프로 버클 파츠를 붙여요.

의상과 신발 파츠를 준비해요. 뒷면에 양면테이프를 바른 뒤, 사진을 참고해 옷장 안에 붙여서 보관해요.

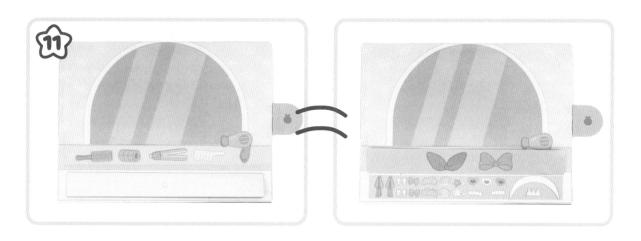

미용 도구와 헤어 액세서리 파츠들을 준비해요. 뒷면에 양면테이프를 바른 뒤, 사진을 참고해 알맞은 위치에 붙여서 보관해요.

Tip 도구들은 책상 위쪽에, 액세서리 파츠들은 서랍 안쪽에 붙여서 정리해요.

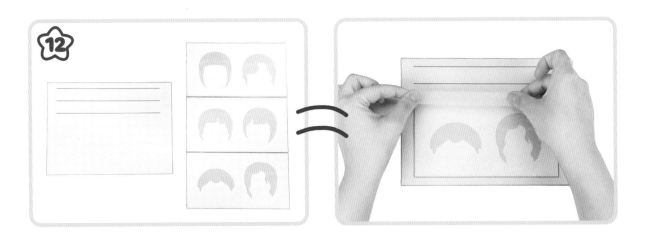

빨간 선이 3줄 그어진 헤어 보관함 페이지1과, 앞머리 파츠 보관함 페이지를 준비해요. 빨간 선에 맞춰서, 보관함 파츠의 위쪽을 투명 테이프로 붙여요.

Tip 맨 아래에 있는 빨간 선부터 순서대로 붙여요.

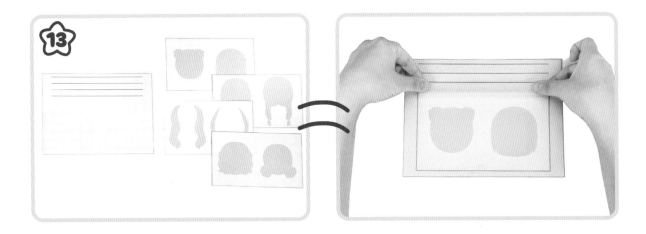

빨간 선이 4줄 그어진 헤어 보관함 페이지2 페이지와, 뒷머리 파츠 보관함 페이지를 준비해요. 빨간 선에 맞춰서 보관 파츠의 위쪽에 테이프를 붙여요.

Tip 맨 아래에 있는 빨간 선부터 순서대로 붙여요.

파츠 보관함 페이지를 준비하고, 투명 테이프로 페이지를 연결해요.

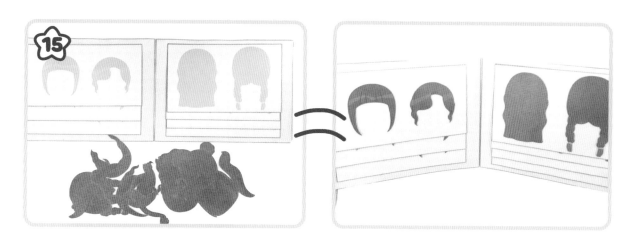

헤어 파츠들을 준비해요. 뒷면에 양면테이프를 바른 뒤, 알맞은 위치에 붙여서 보관해요.

파츠 보관함은 배경 뒷면의 주머니에 넣어서 보관해요.

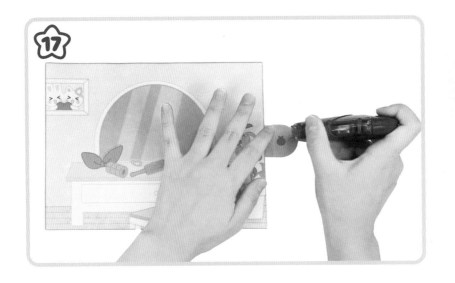

버클 파츠에 양면테이프를 붙이고, 도안을 닫아서 정리해요.

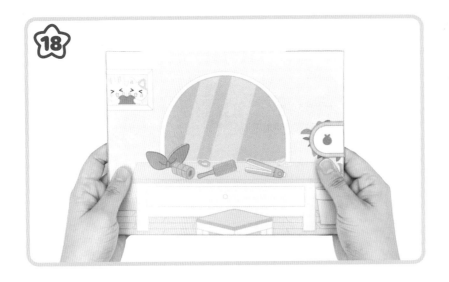

헤어 꾸미기 놀이 도안이 완성되었어요.

헤어 스타일을 정하고 다양하고 귀여운 액세서리를 활용해서 나만의 스타일로 꾸며보세요!

08

메이크업 꾸미기

"오늘은 내가
메이크업 아티스트!"

아이브로우, 립스틱, 파우더 등
메이크업 제품들과 의상들로
다양한 스타일을 연출할 수 있어요!

손님을 원하는 대로 꾸미며 상황극 놀이까지 즐길 수 있답니다!
오늘만은 내가 바로 메이크업 아티스트!
나만의 뷰티숍을 운영해보세요!

도안 미리보기

배경1

뒤표지(배경1 뒷면)

표지

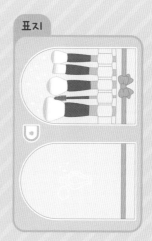

배경 2, 3(표지 뒷면)

메이크업 소품

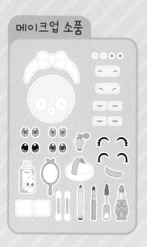

캐릭터 페이지1

캐릭터 페이지2

앞머리 헤어 파츠

꾸미기 파츠1

소품 보관함 파츠

만들고 꾸미는 방법

① 총 8장의 메이크업 꾸미기 도안의 앞, 뒷면을 모두 코팅하고, 잘라서 준비해요.

② 배경1 뒷면과 주머니 파츠를 준비하고, 배경 뒷면의 표시된 부분에 투명 테이프를 붙여 주머니 형태로 만들어요.

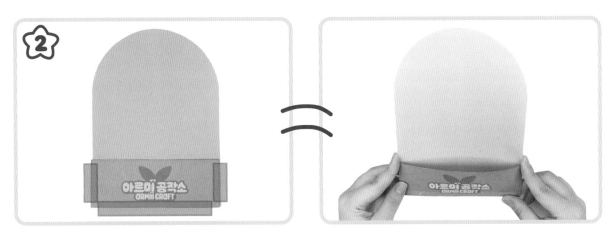

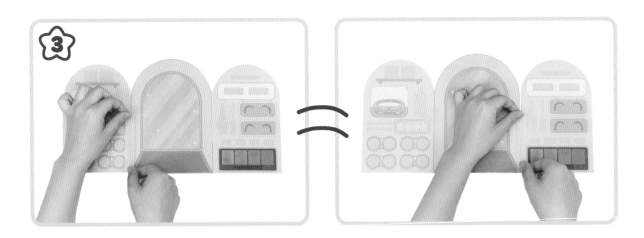

③ 배경 도안들을 준비하고, 가운데를 투명 테이프로 연결해요.

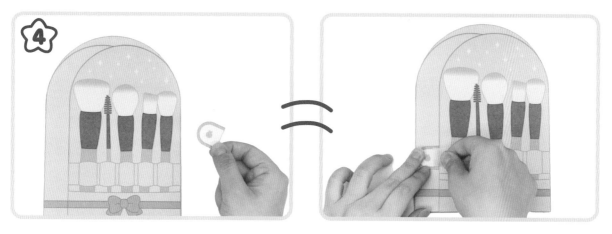

버클 파츠를 준비하고, 투명 테이프로 버클 파츠를 붙여요.

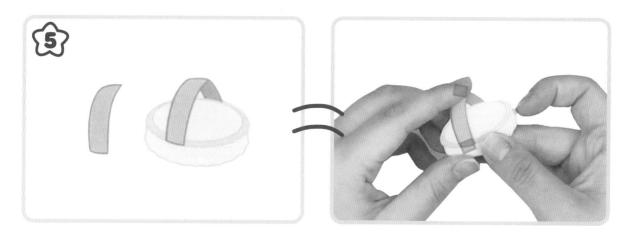

쿠션 퍼프와 퍼프 손잡이 파츠를 준비해요. 퍼프 손잡이의 위아래를 투명 테이프로 연결해 손가락이 들어갈 공간을 만들어요.

손가락을 끼워서 놀 수 있는 퍼프가 완성 되었어요.

소품 보관함 파츠를 준비하고, 투명 테이프로 소품 보관함 페이지를 연결해요.

소품 파츠를 준비해요. 뒷면에 양면테이프를 바른 뒤, 알맞은 위치에 붙여서 보관해요.

캐릭터 파츠와 앞머리 파츠를 준비해요. 앞머리 파츠 뒷면에 양면테이프를 바른 뒤, 캐릭터 파츠에 붙여서 보관해요.

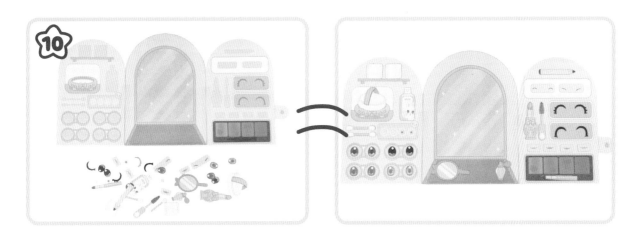

사진을 참고해서 소품들을 알맞은 위치에 붙여서 보관해요.

버클 파츠에 양면테이프를 바르고, 도안을 닫아서 정리해요.

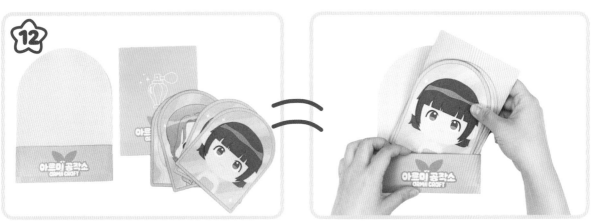

파츠 보관함과 캐릭터 파츠들은 배경 뒷면의 주머니에 넣어서 보관해요.

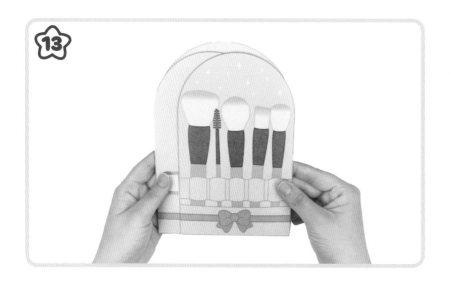

메이크업 꾸미기 놀
이 도안이 완성되었
어요.

다양한 화장품을 사용해서 메이크업 상황극 놀이도 하고, 손님들을 원하는 스타일로 꾸
며보세요!

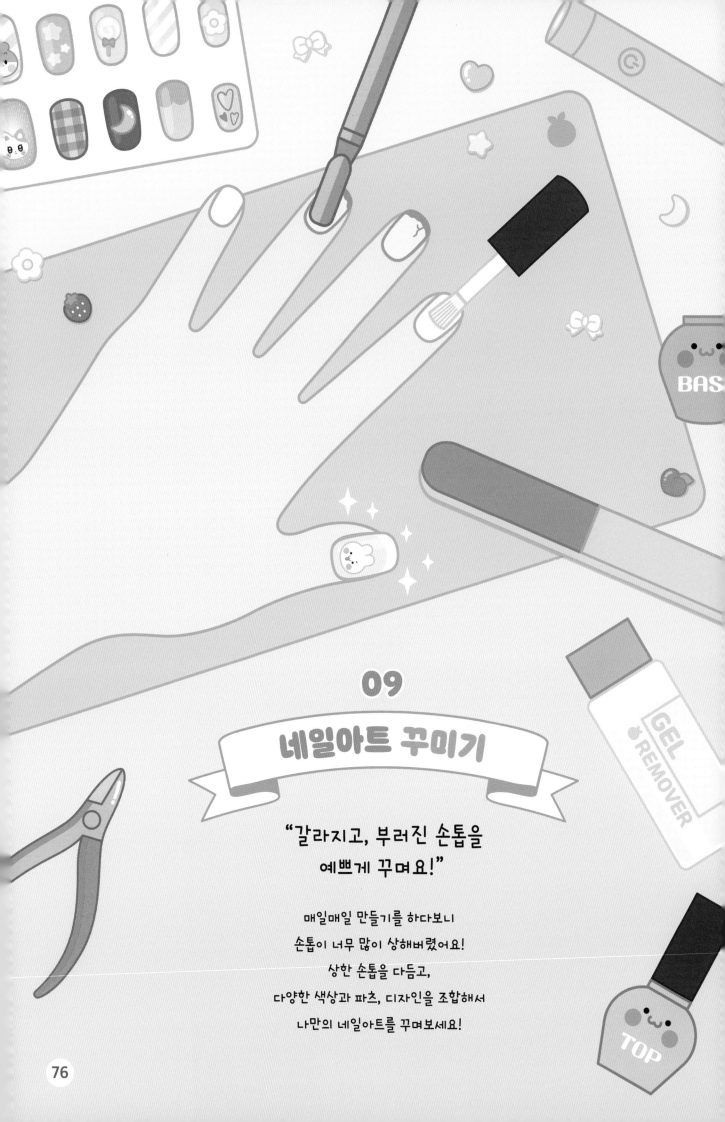

09

네일아트 꾸미기

"갈라지고, 부러진 손톱을
예쁘게 꾸며요!"

매일매일 만들기를 하다보니
손톱이 너무 많이 상해버렸어요!
상한 손톱을 다듬고,
다양한 색상과 파츠, 디자인을 조합해서
나만의 네일아트를 꾸며보세요!

도안 미리보기

표지

표지 뒷면(배경1)

배경2

배경2 뒷면

소품 페이지1

소품 페이지2
(소품 & 주머니 파츠)

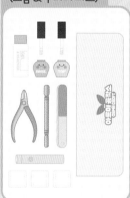

네일 파츠1
(꾸미기 파츠 & 파츠 보관함)

네일 파츠2

만들고 꾸미는 방법

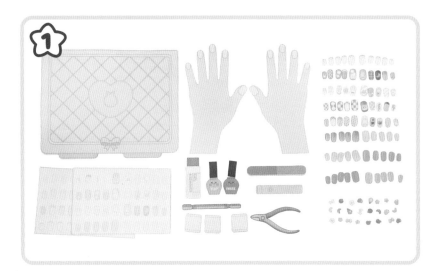

① 총 6장의 네일아트 꾸미기 도안의 앞, 뒷면을 모두 코팅하고, 잘라서 준비해요.

② 배경 도안을 준비해요. 두 페이지 사이에 약간의 틈을 주고 정렬한 뒤, 투명 테이프를 사용해서 연결해요.

> **Tip** 두 도안 사이에 살짝 틈이 있어야 잘 접혀요.

③

주머니 파츠를 준비해요. 표시된 부분에 투명 테이프를 붙여 주머니 형태로 만들어요.

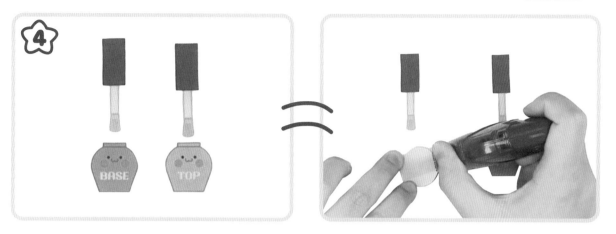

브러쉬와 네일 병 파츠를 준비해요. 네일 병 뒷면에 풀칠하고 브러쉬를 붙여요.

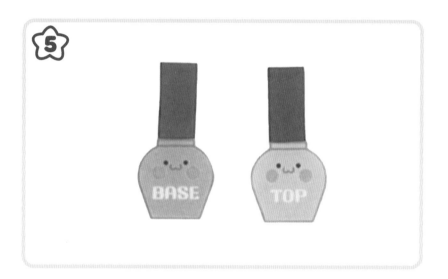

베이스와 탑 네일 파츠가 완성되었어요.

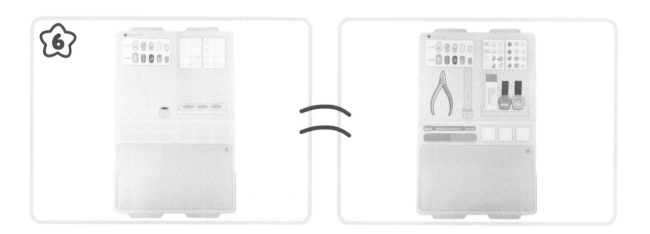

보관함에 맞는 소품 파츠들을 준비해요. 뒷면에 양면테이프를 바른 뒤, 알맞은 위치에 붙여서 보관해요.

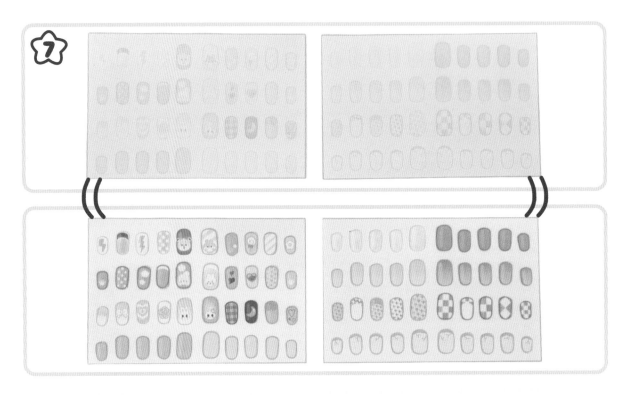

네일 파츠 보관함 페이지와 네일 파츠들을 준비해요. 뒷면에 양면테이프를 바른 뒤, 알맞은 위치에 붙여서 보관해요.

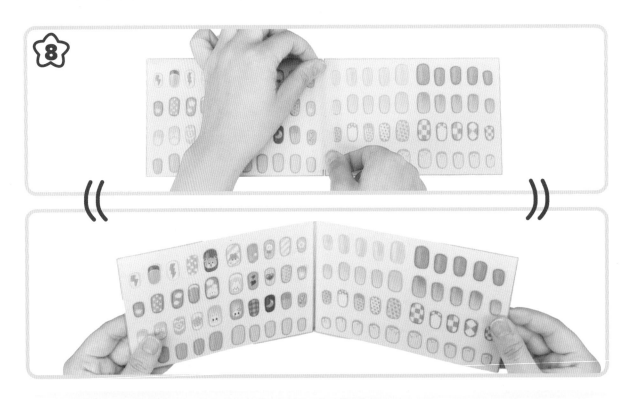

네일 파츠 보관함 페이지 가운데를 투명 테이프로 연결해요.

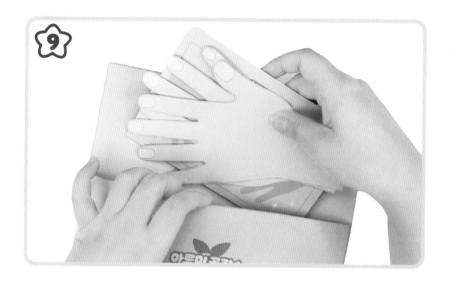

네일 파츠 보관함 페이지와 손 파츠는 배경 뒷면의 주머니에 넣어서 보관해요.

네일아트 꾸미기 놀이 도안이 완성되었어요.

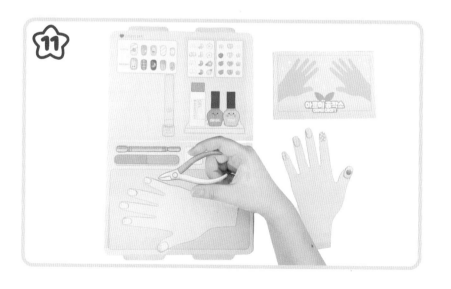

다양한 색상과 파츠, 디자인을 조합해서 나만의 네일아트를 꾸며보세요!

10

랜덤 캐릭터 꾸미기

"어떤 캐릭터가
탄생할까?"

숫자 카드를 뽑아서
나만의 오디와 버찌를 만들어보세요!
천사, 아르미 박사, 인어 등 다양한 컨셉의
의상과 소품이 준비되어 있어요!
어떤 조합이 나올지 기대하는 재미가 가득하답니다.

소품과 카드의 위치를 바꾸면
결과를 예측할 수 없어 더욱 재미있어요!
친구와 함께 누구의 캐릭터가 더 멋진지 대결해봐요!

도안 미리보기

배경1

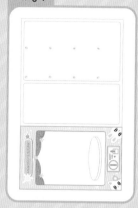

배경1 뒷면

표지(배경2) & 카드 파츠

표지 뒷면(배경2 뒷면) & 카드 파츠 뒷면

의상 & 캐릭터 & 소품 파츠

의상 & 캐릭터 & 소품 뒷면

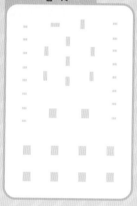

만들고 꾸미는 방법

①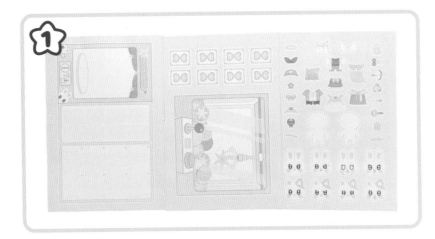

총 3장의 랜덤 캐릭터 꾸미기 도안의 앞, 뒷면을 모두 코팅해요.

②

도안의 선을 따라서 잘라요.

③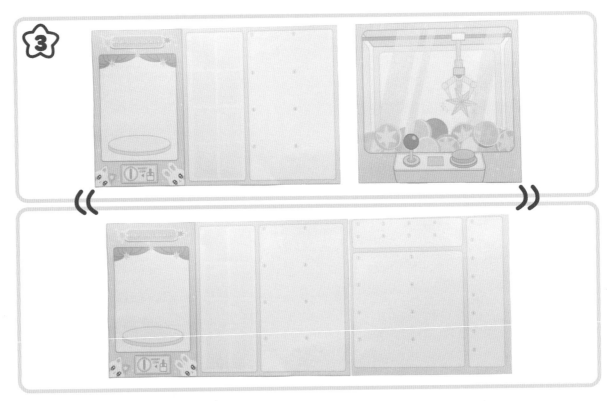

배경 도안과 표지 도안을 준비해요. 표지 도안을 뒤집어서 배경 도안과 나란히 맞춰요.

만들기 동영상

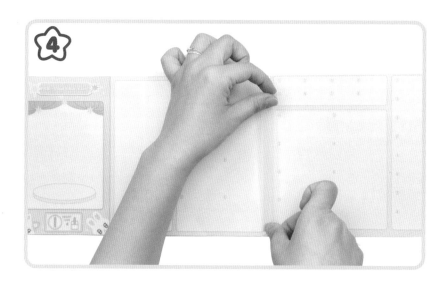

배경 도안을 서로 붙여요. 두 페이지 사이에 약간의 틈을 주고 정렬한 뒤, 투명 테이프를 사용해서 연결해요.

Tip 두 도안 사이에 살짝 틈이 있어야 잘 접혀요.

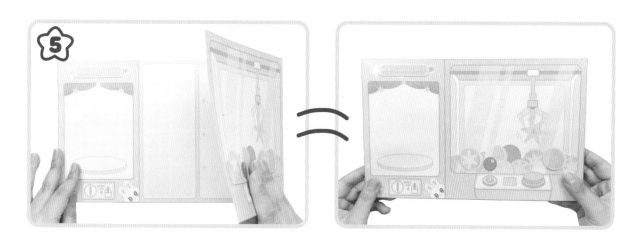

접었다 펼칠 수 있는 놀이 배경이 되었어요.

캐릭터 몸통 파츠는 무대 배경에 붙여서 보관해요.

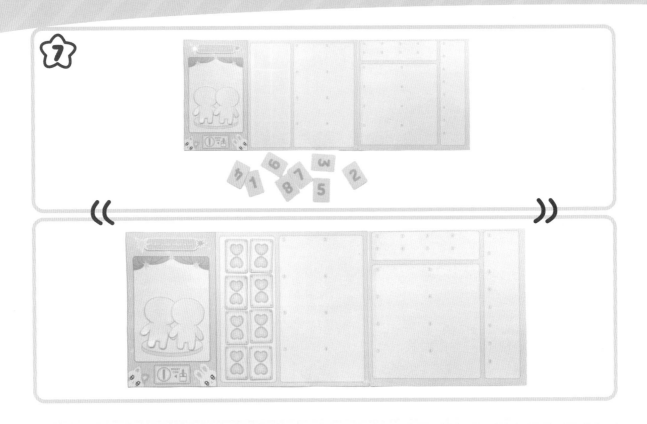

숫자 카드 파츠를 준비하고, 사진을 참고해서 소품을 정리해요.

Tip 숫자를 랜덤하게 섞어서 붙여요.

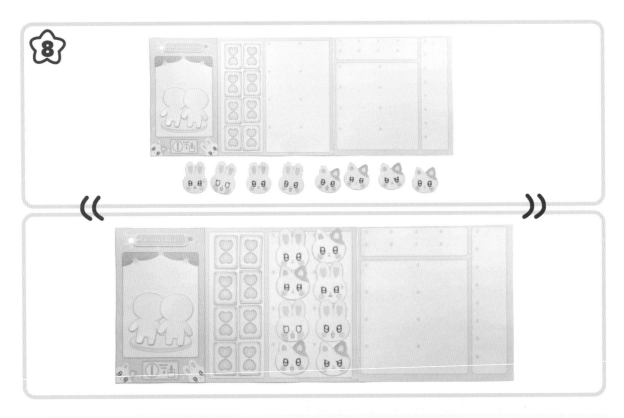

오디와 버찌 얼굴 파츠를 준비하고, 사진을 참고해서 소품을 정리해요.

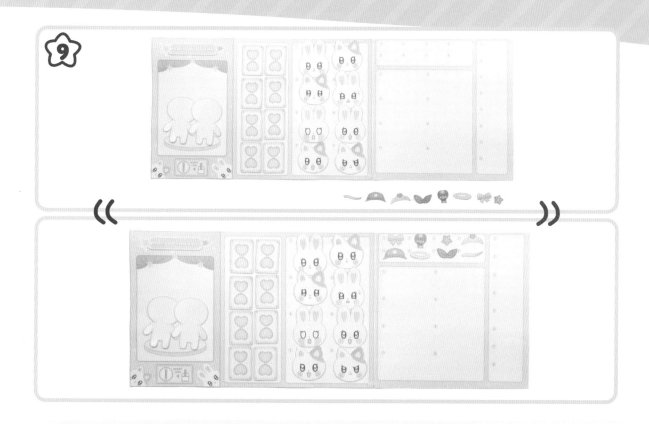

헤어 액세서리 소품 8가지를 준비하고, 사진을 참고해서 소품을 정리해요.

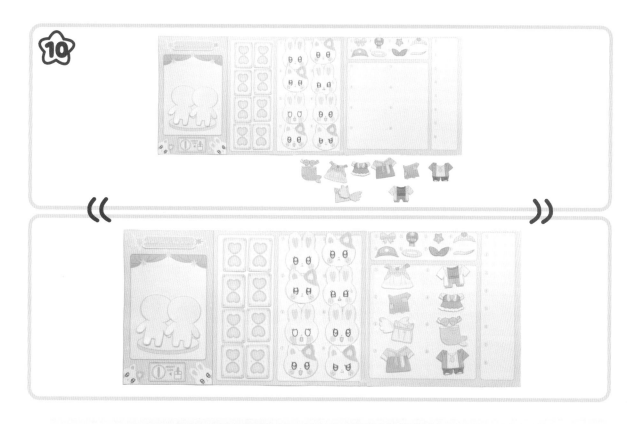

의상 파츠 8가지를 준비하고, 사진을 참고해서 소품을 정리해요.

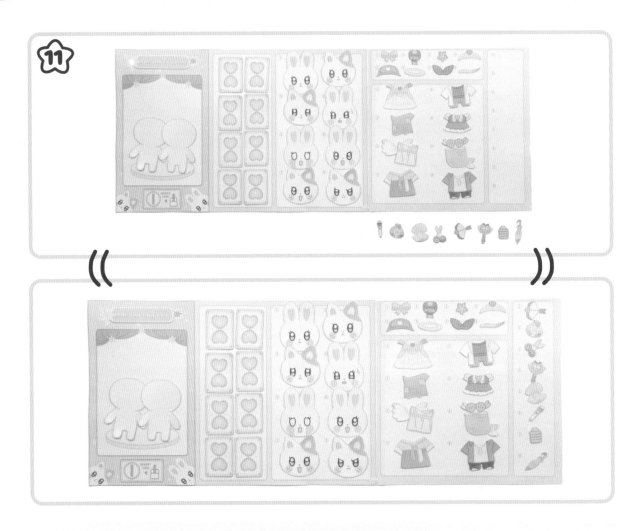

소품 파츠 8가지를 준비하고, 사진을 참고해서 소품을 정리해요.

완성된 랜덤 캐릭터 꾸미기 도안의 소품 위치를 바꾸고, 숫자 카드를 뽑아서 나만의 랜덤 캐릭터를 조합해봐요.

PART 3

만들기 도안

1. 미니어처 하우스 꾸미기

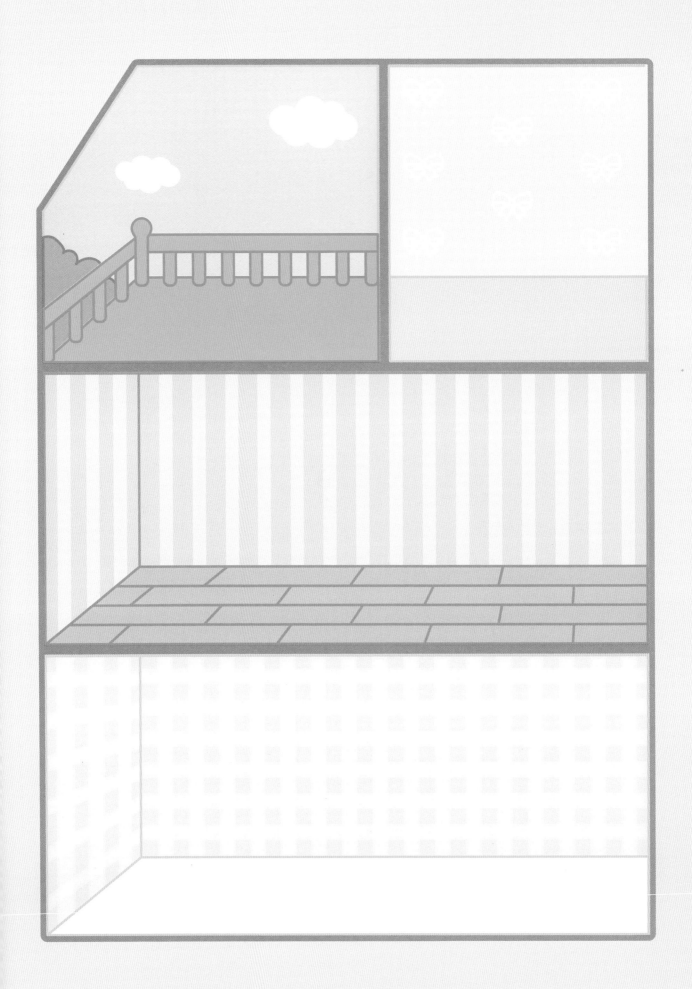

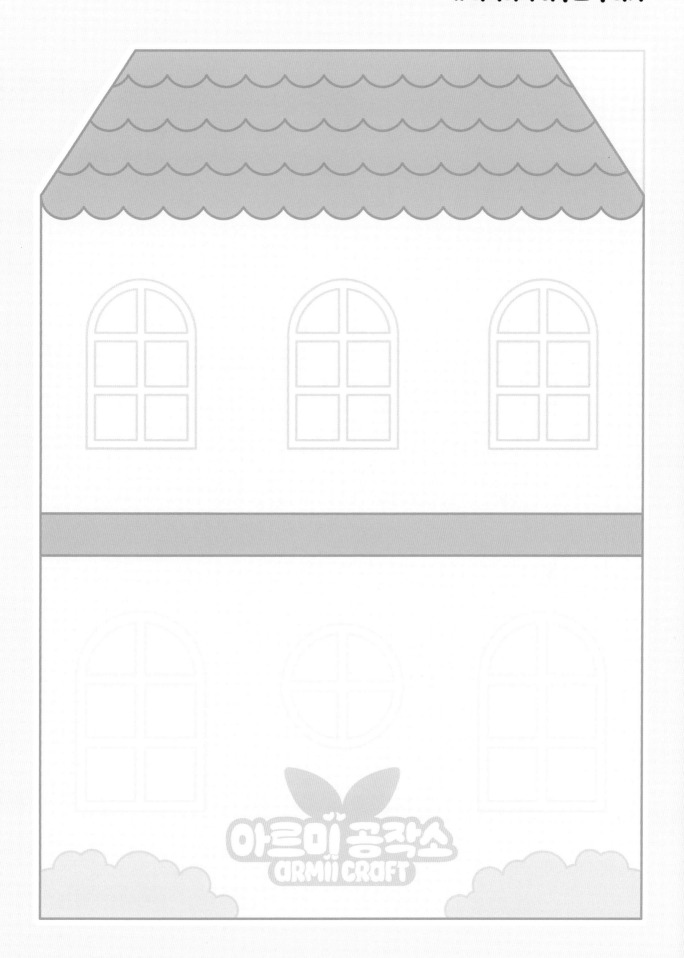

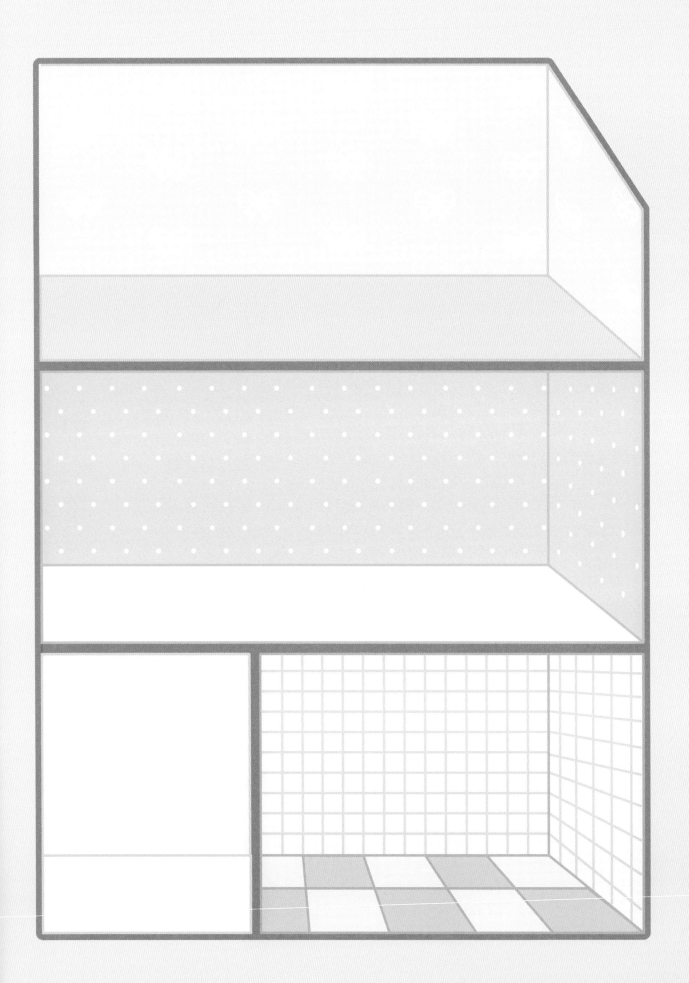

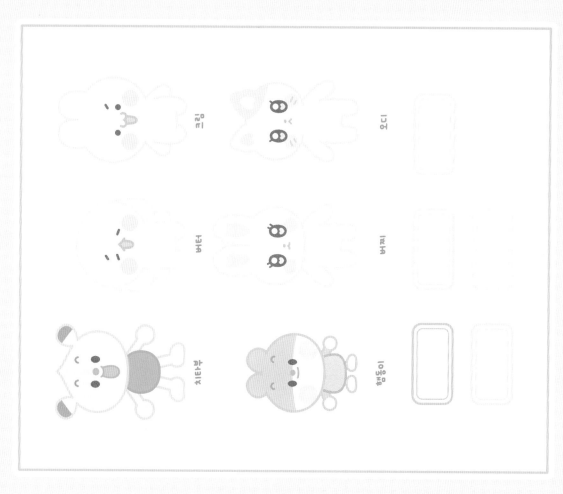

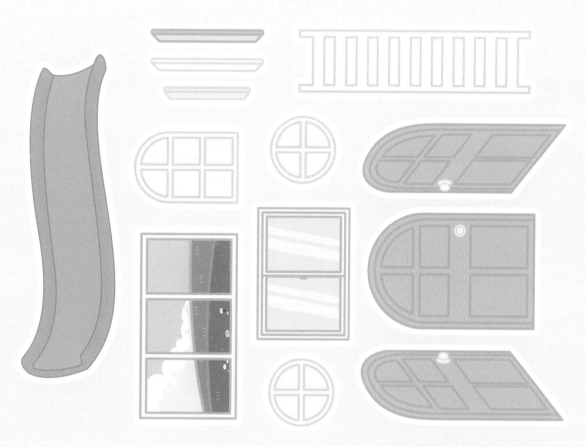

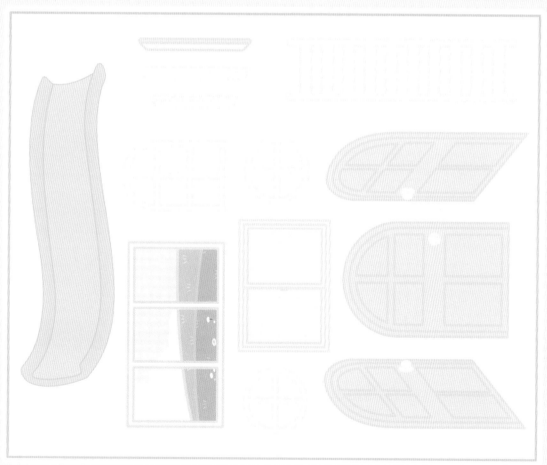

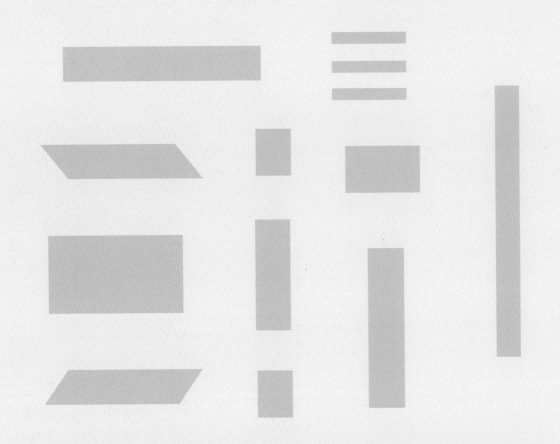

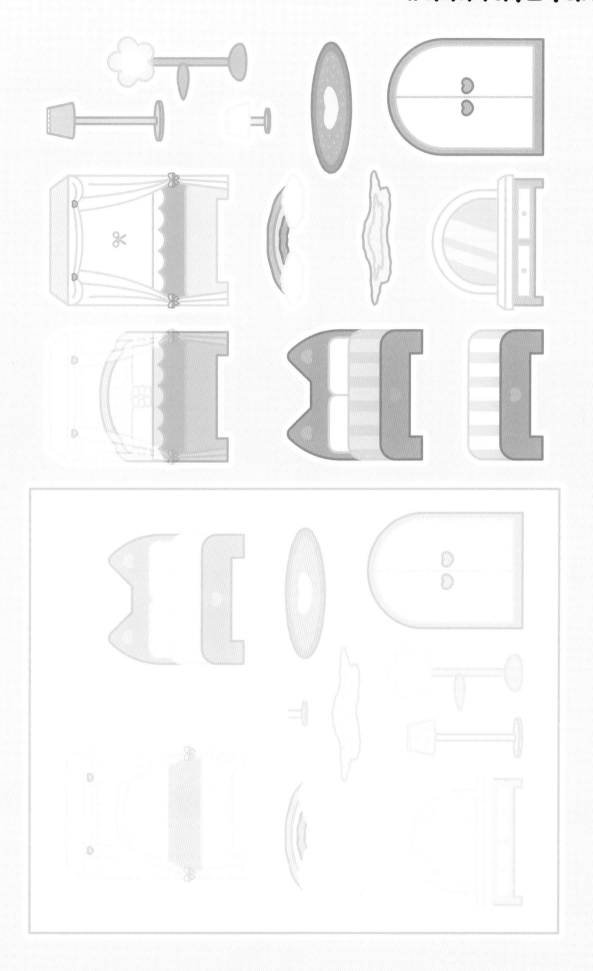

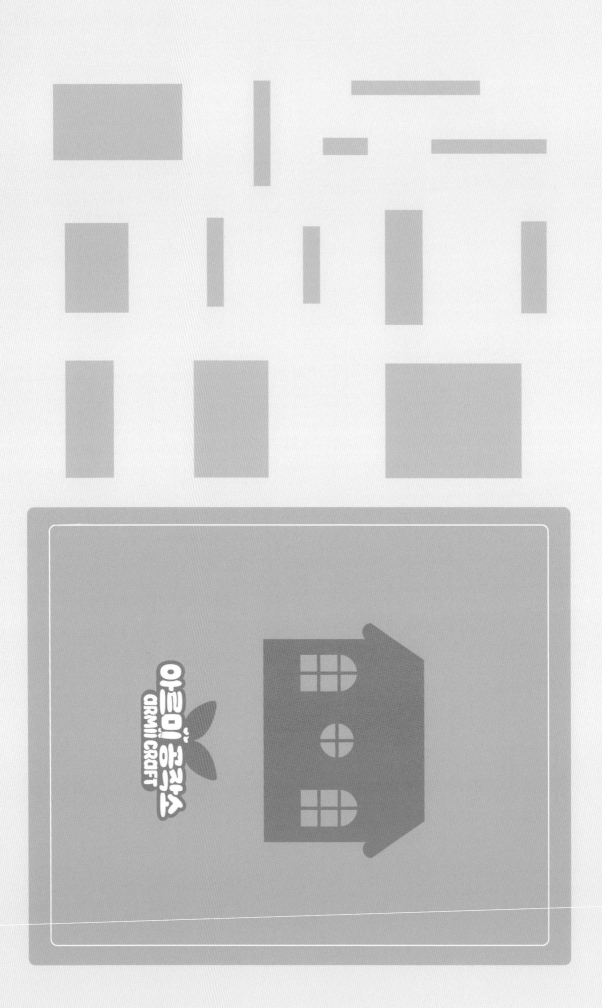

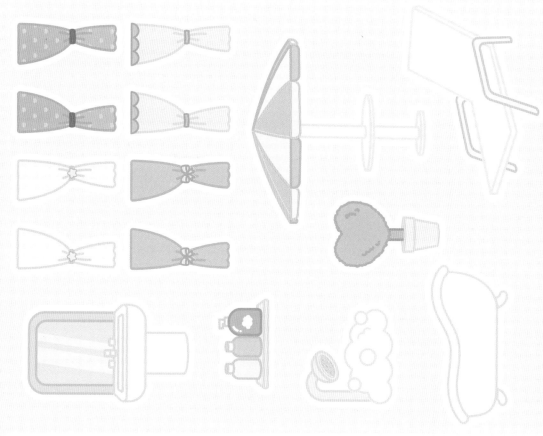

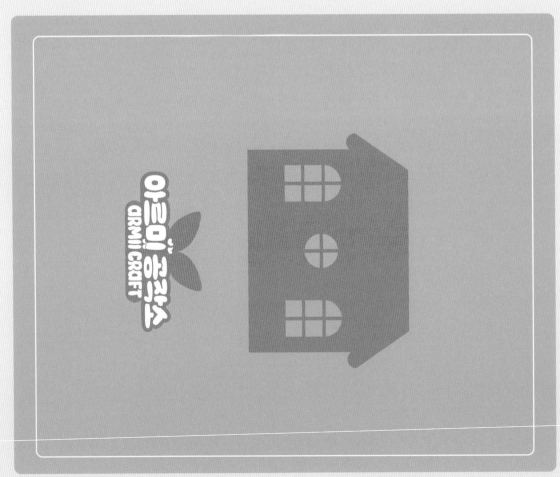

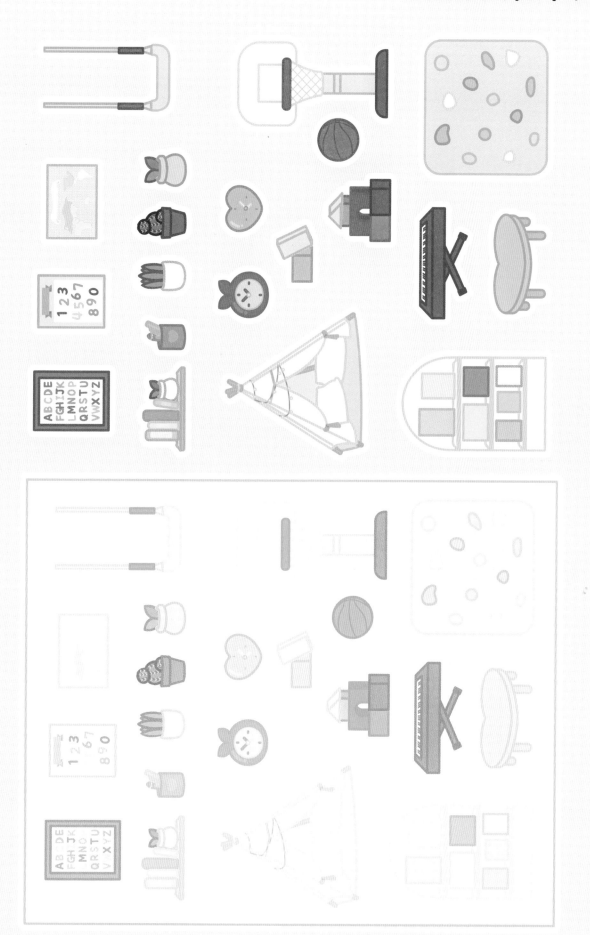

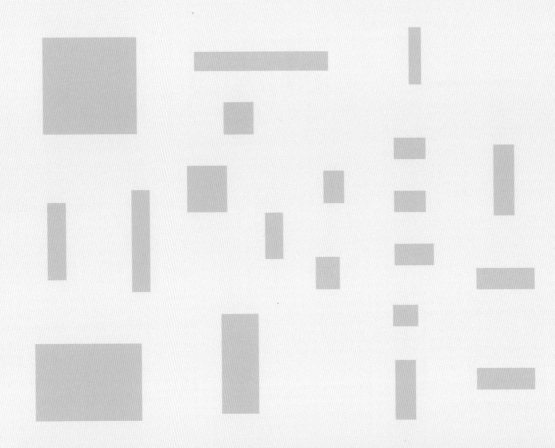

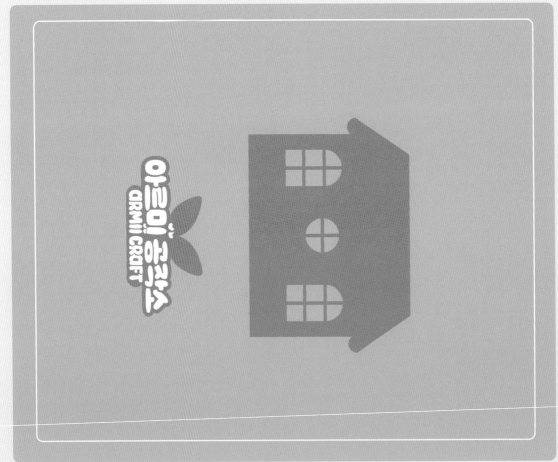

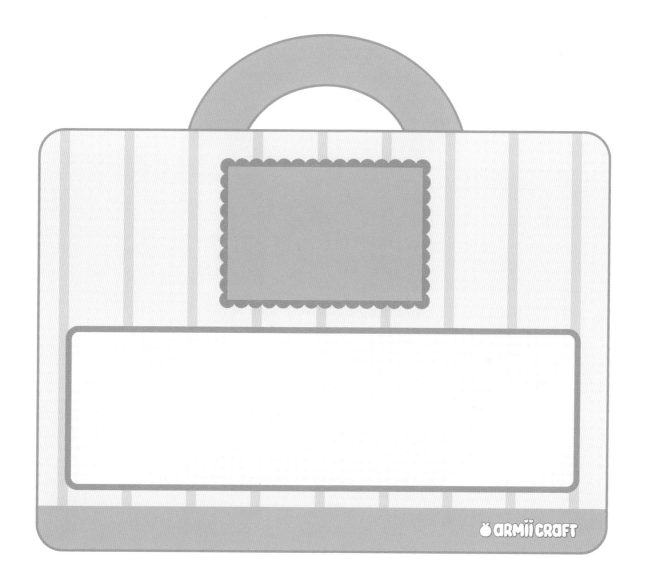

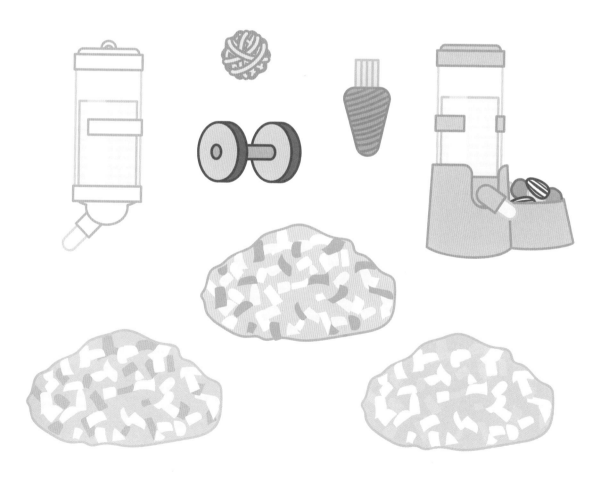

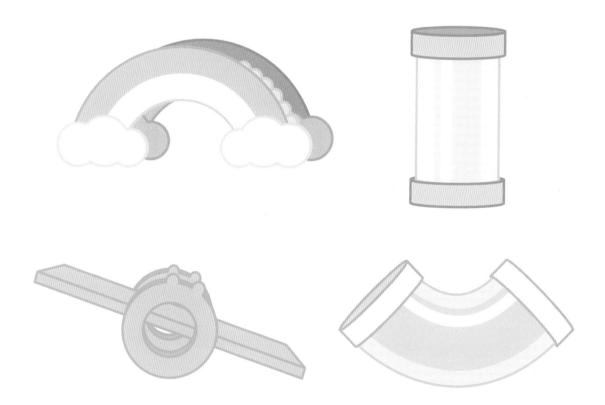

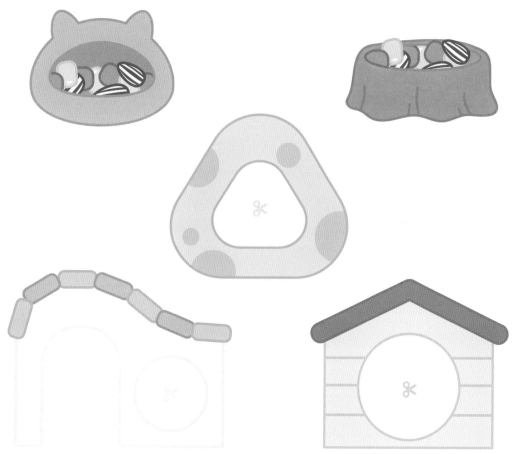

Item

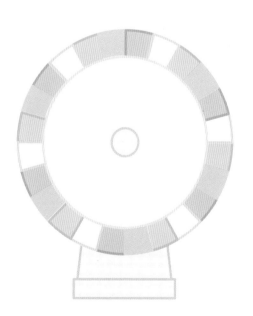

Armii Flower

치타부   버터   크림

햄둥이   버찌   오디

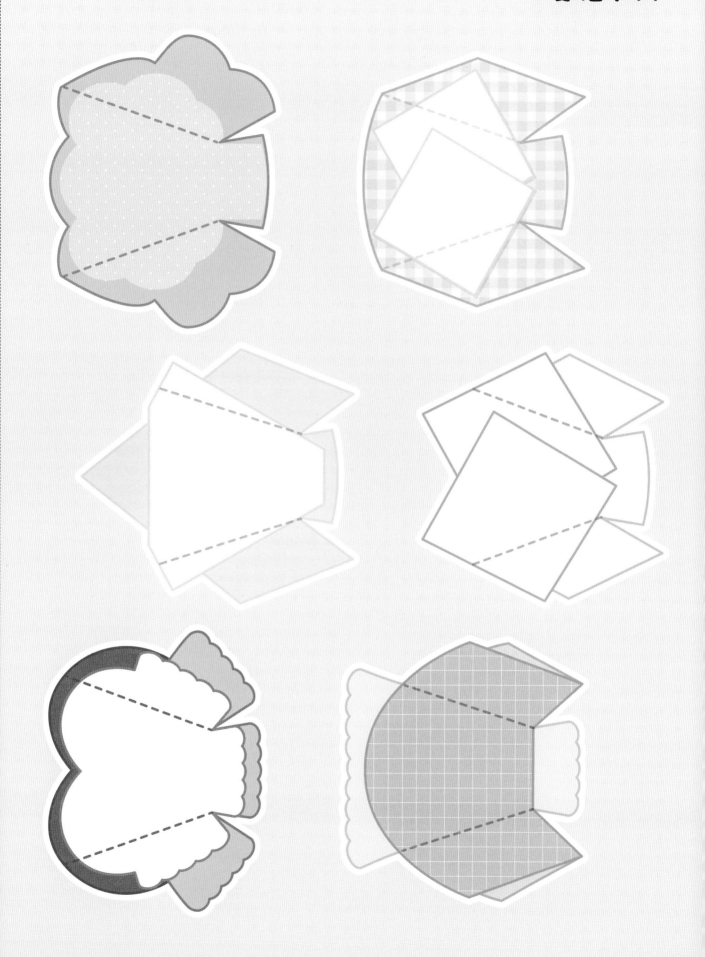

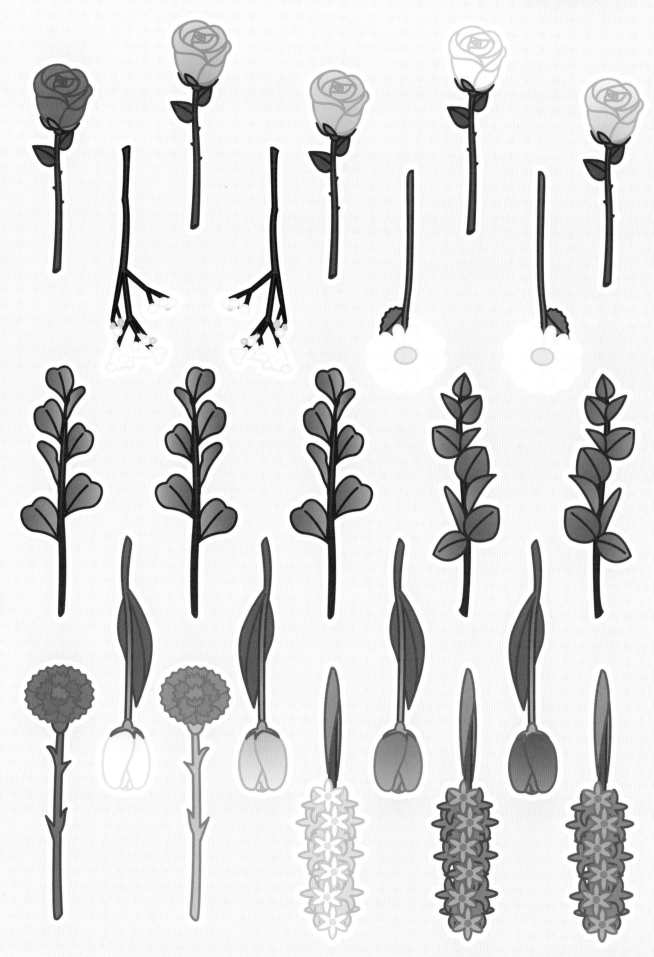

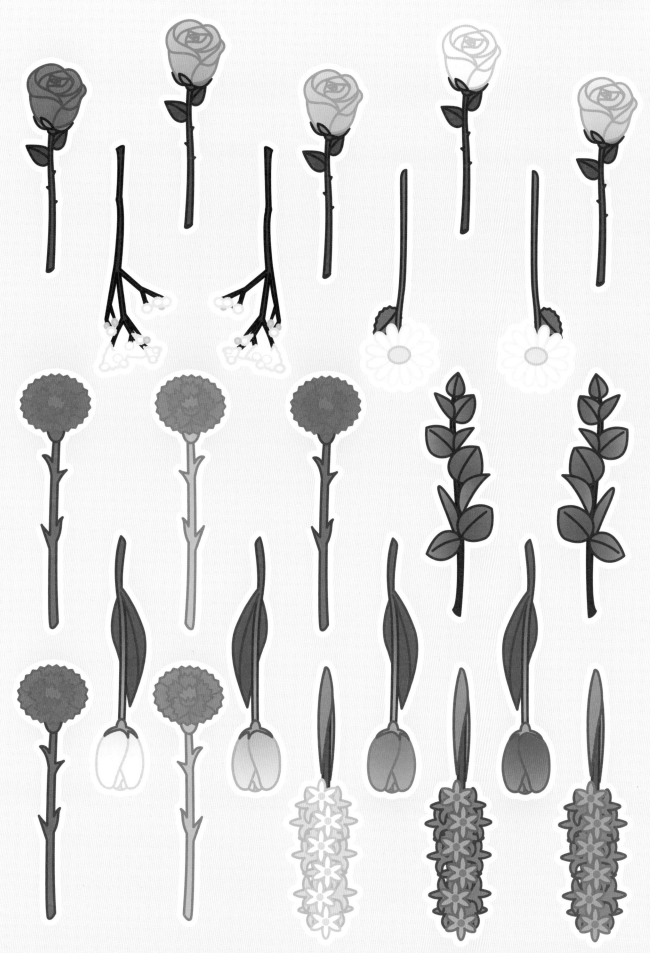

치타붕   버터   크림

햄둥이   버찌   오디

Armii flower

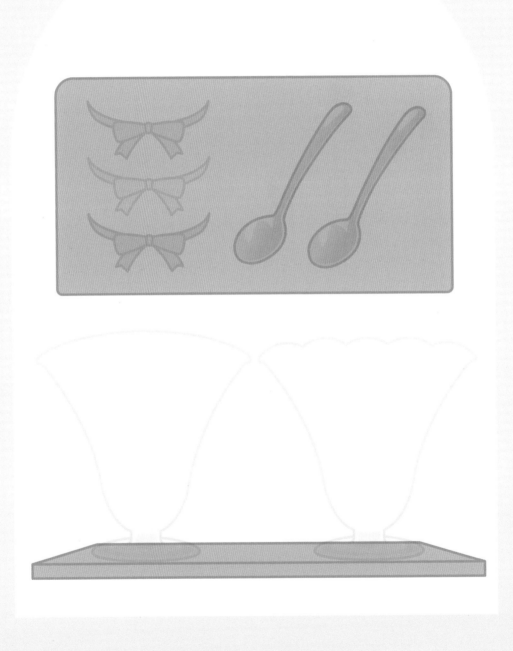

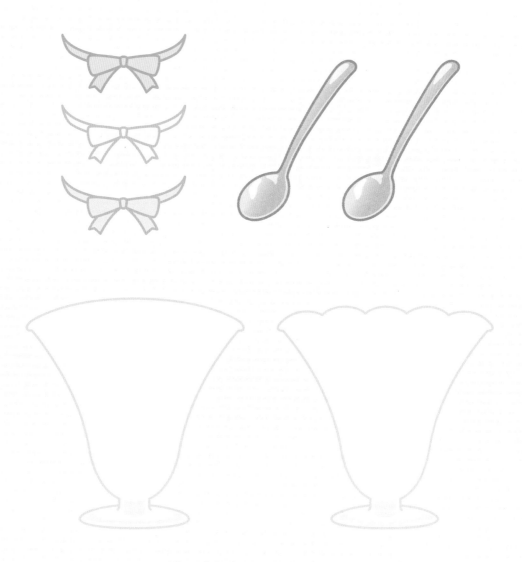

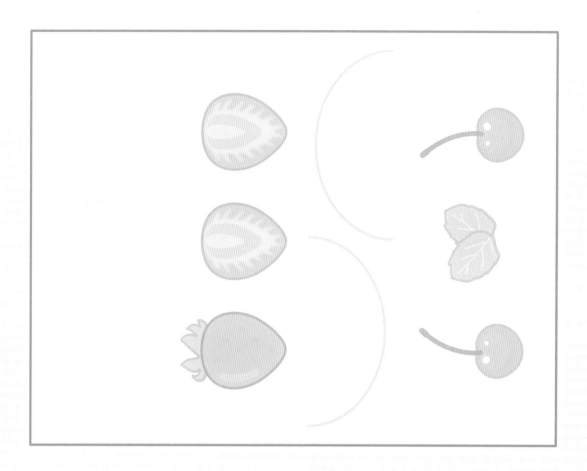

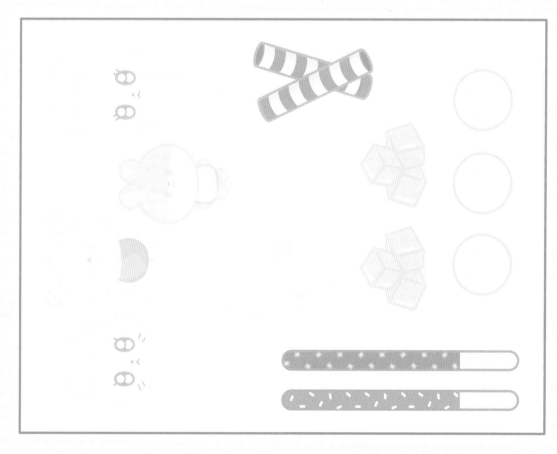

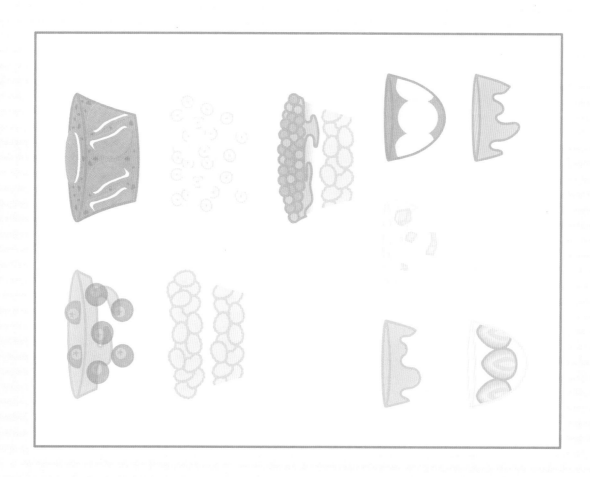

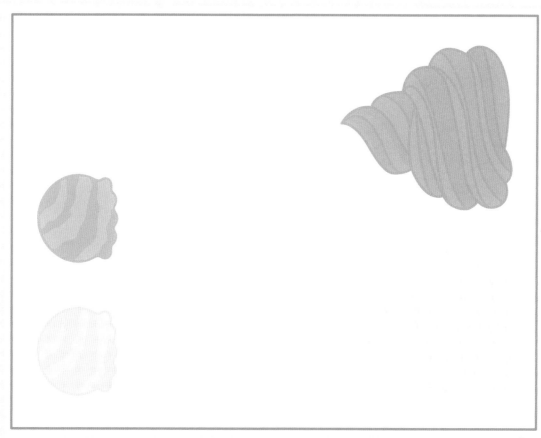

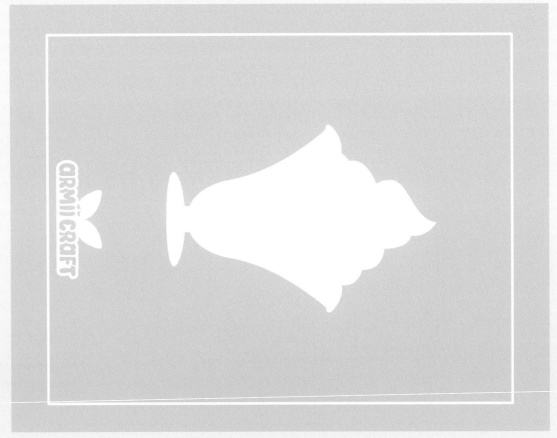

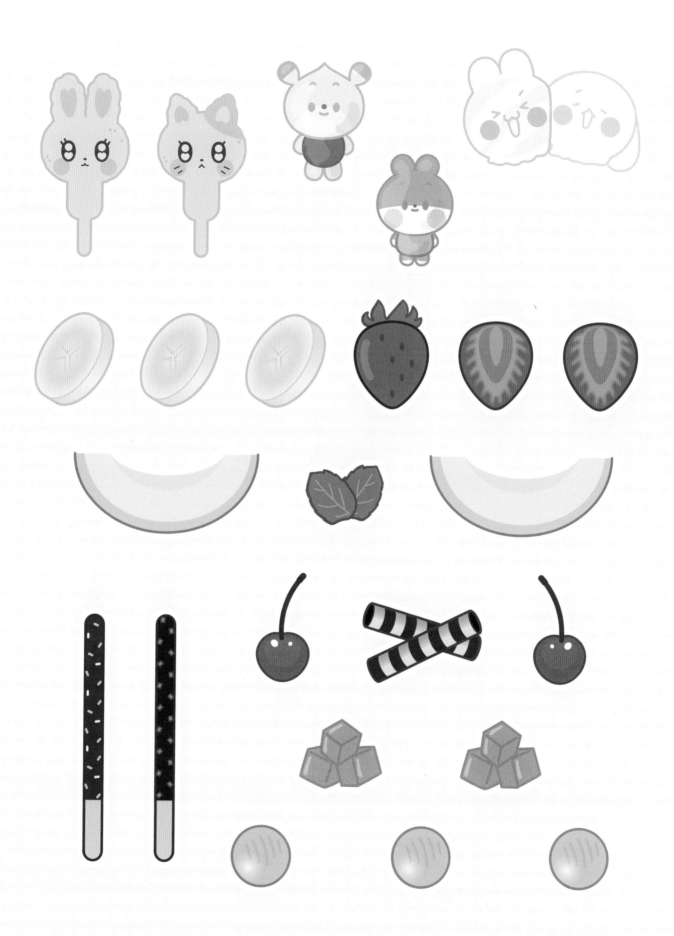

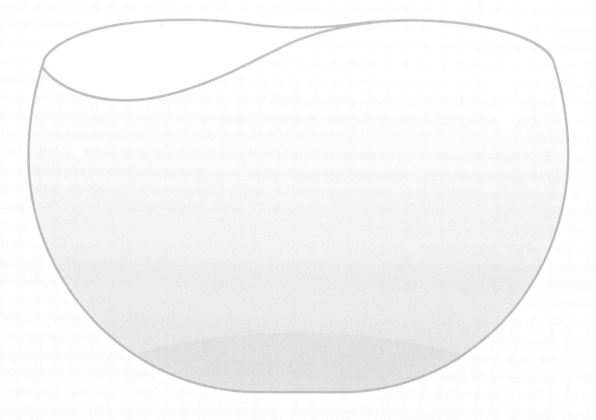

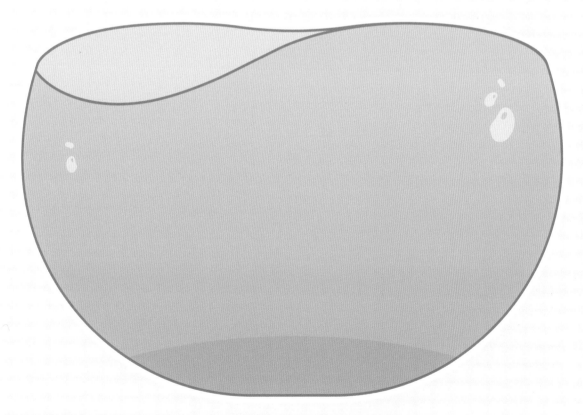

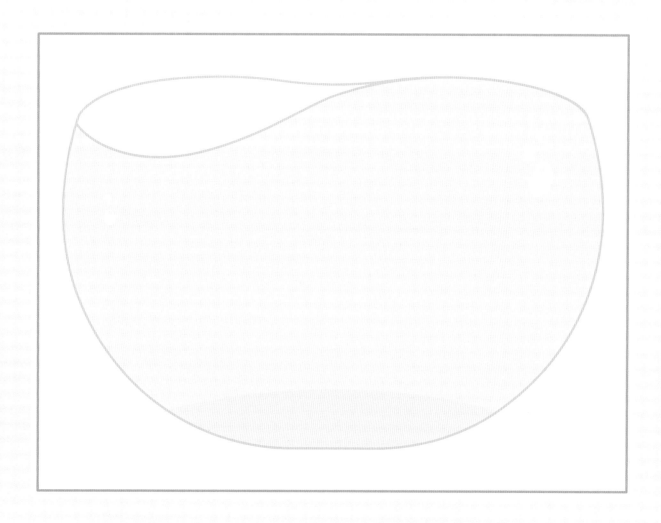

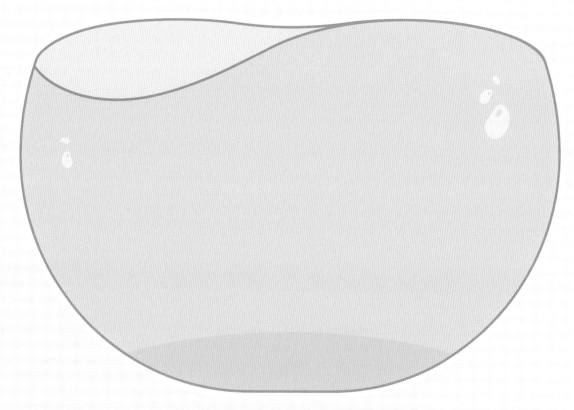

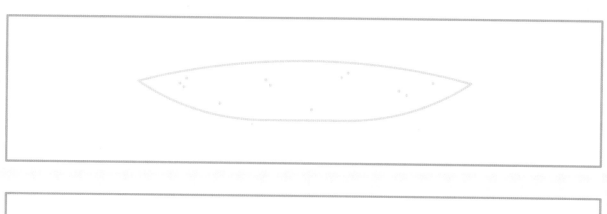
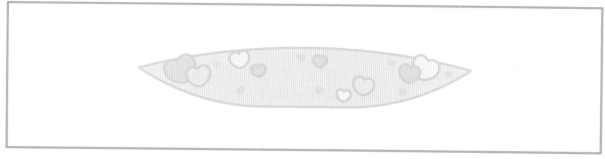
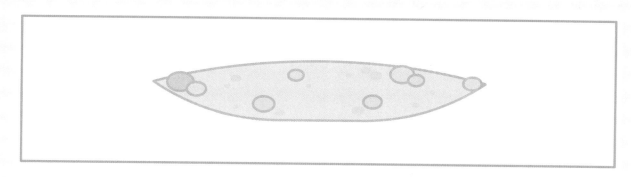
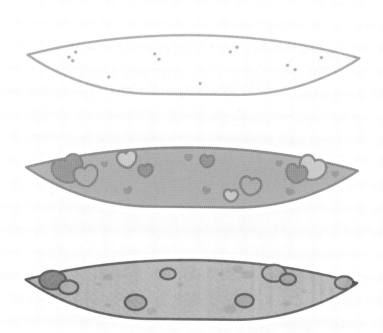

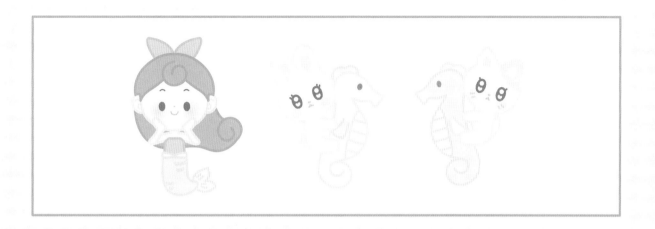

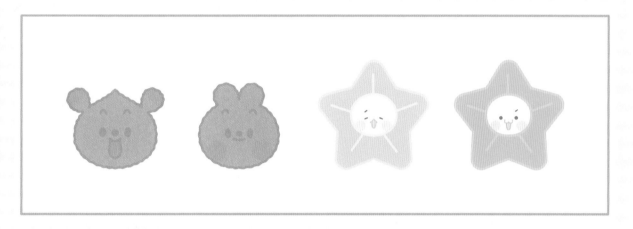

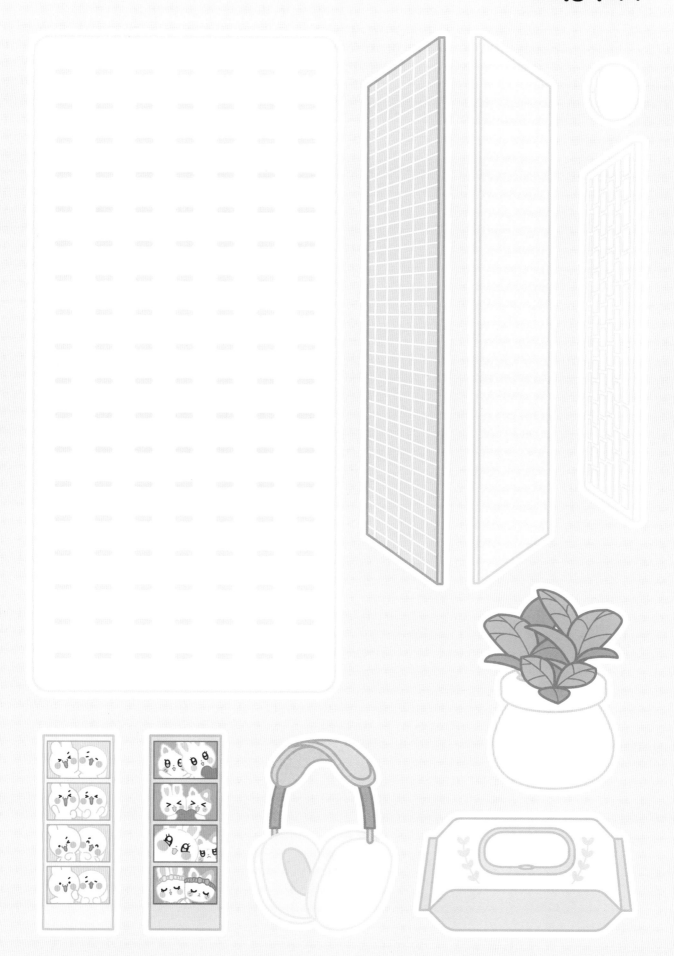

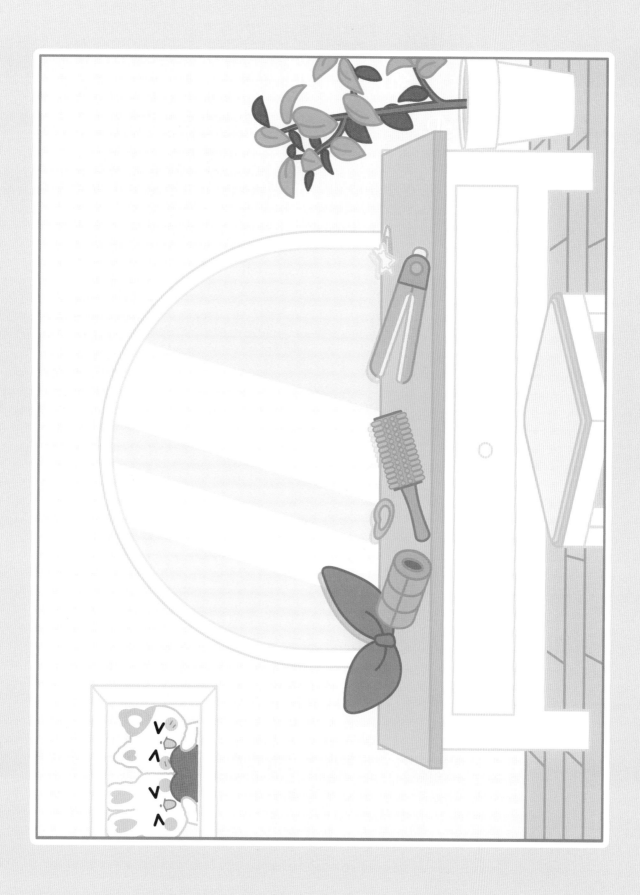

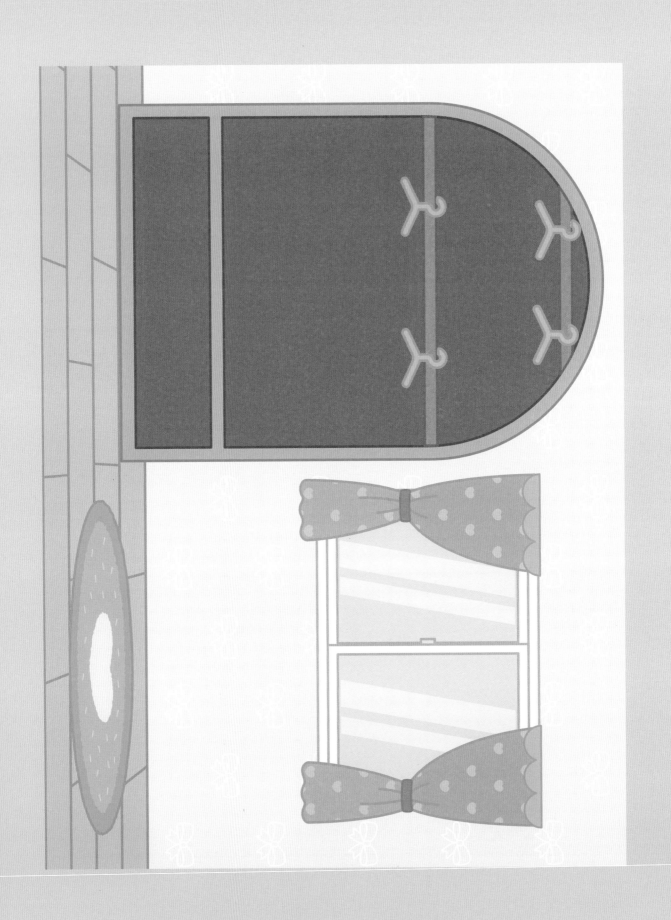

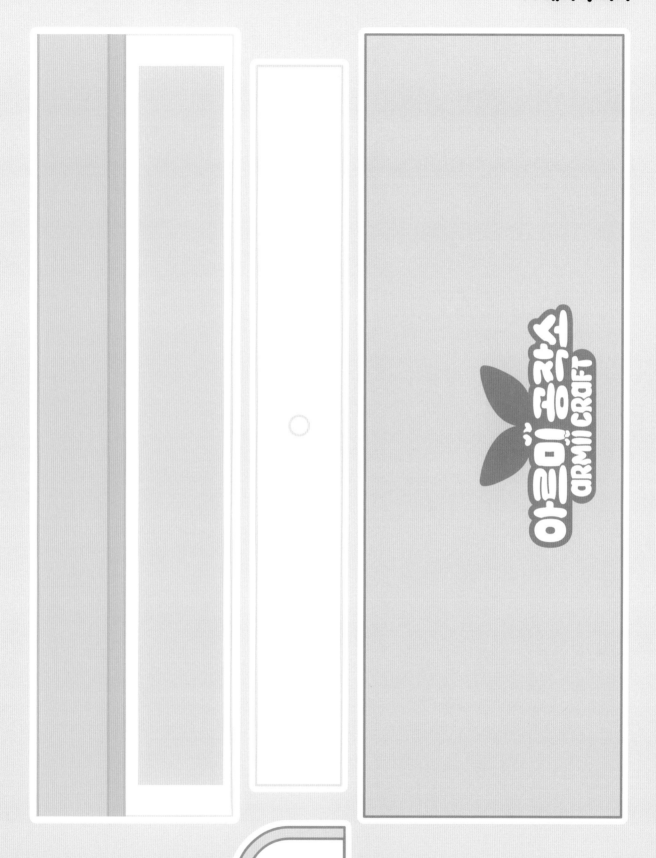

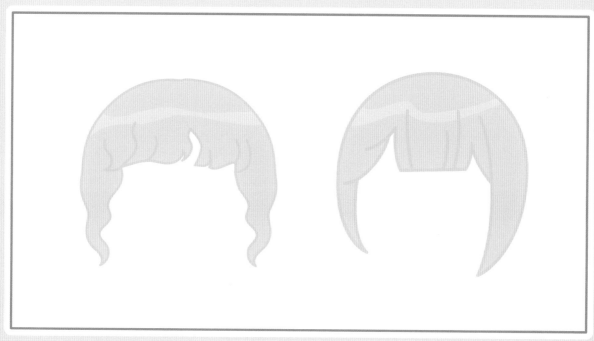

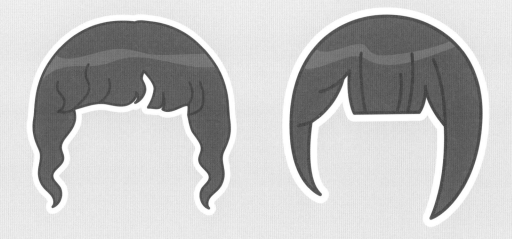

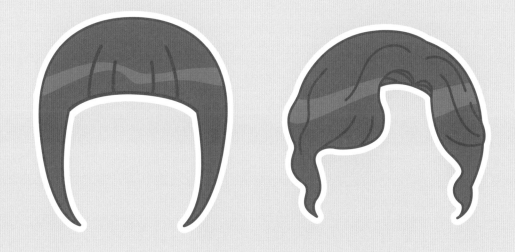

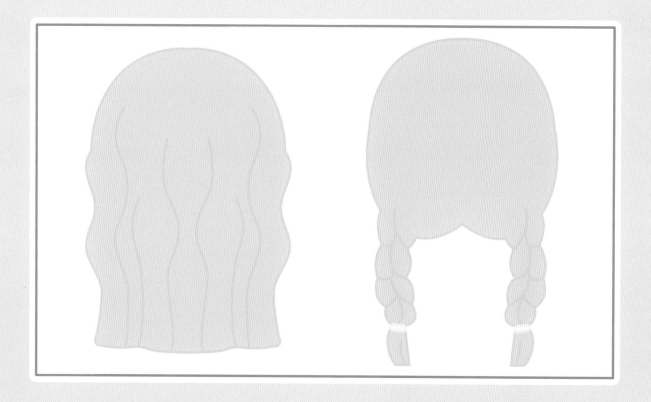

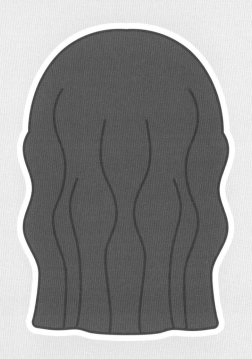

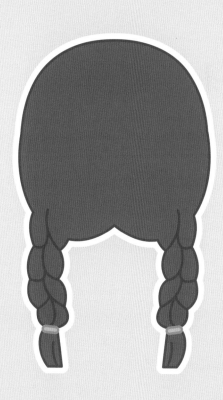

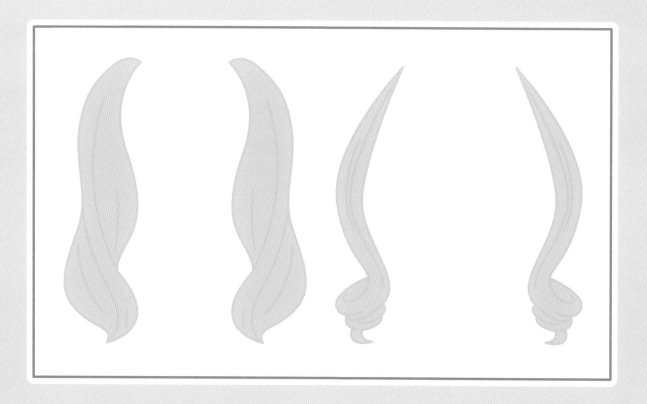

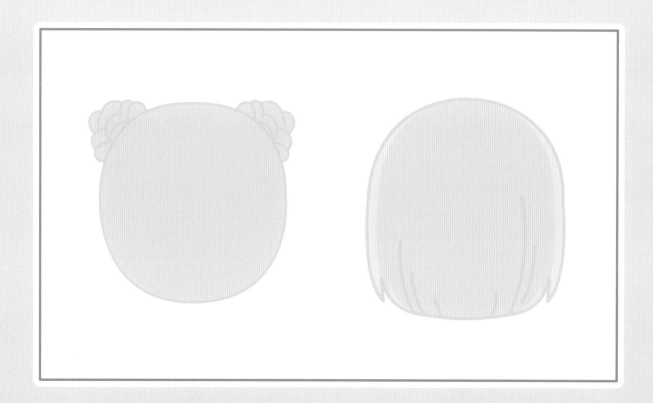

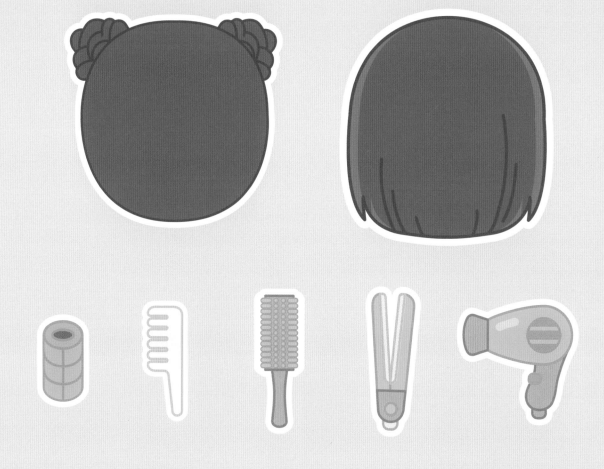

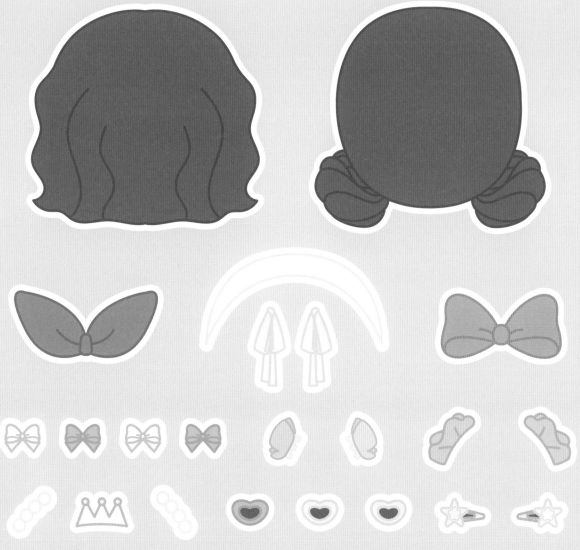

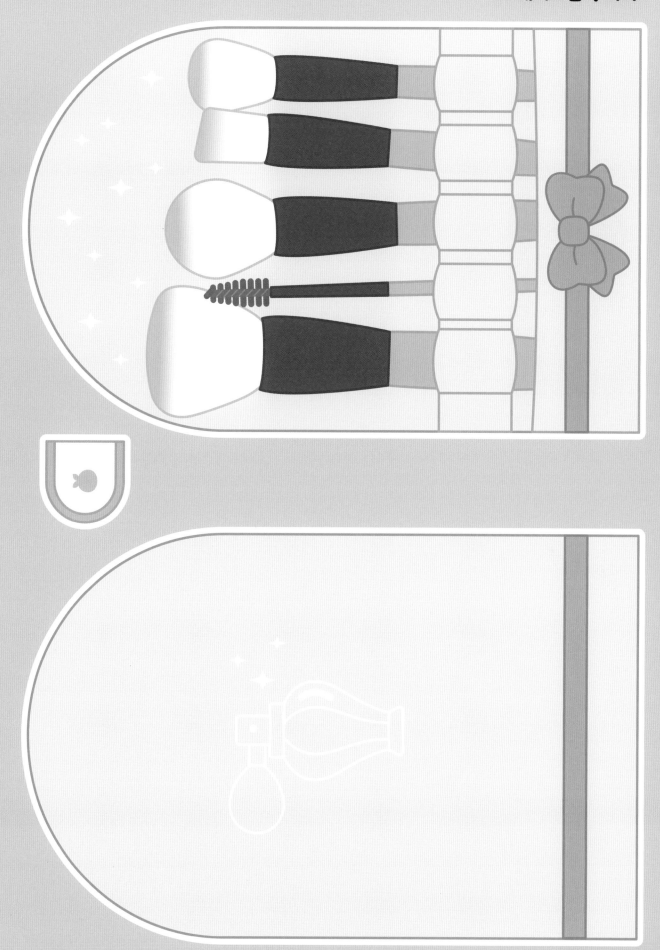

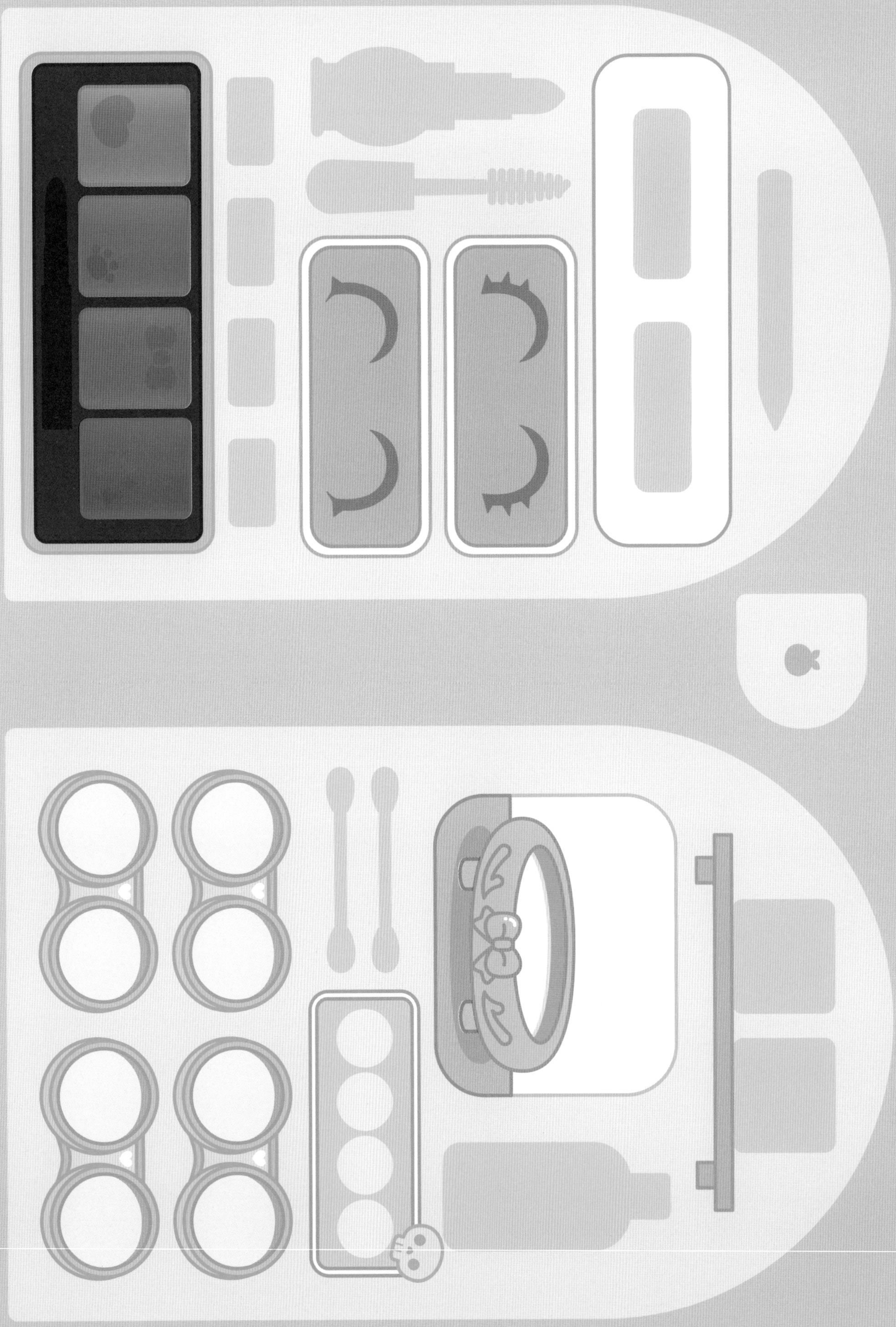

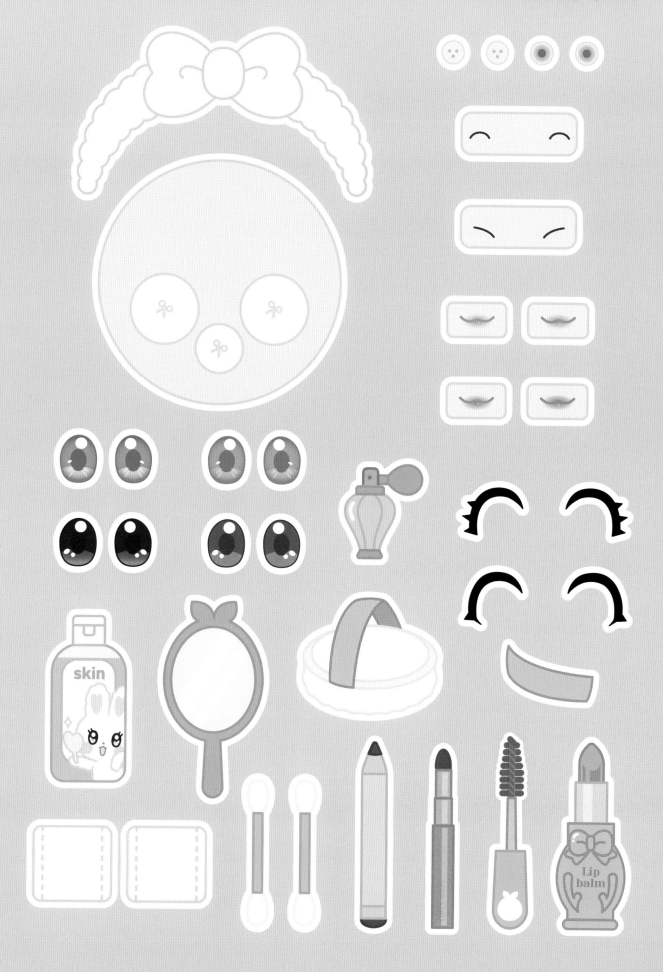

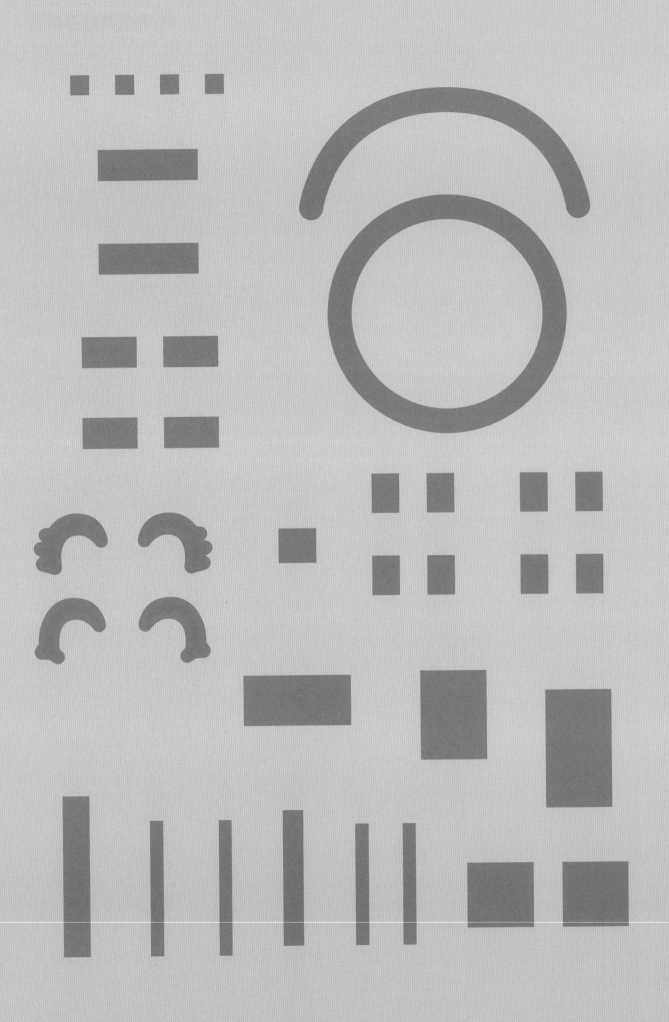

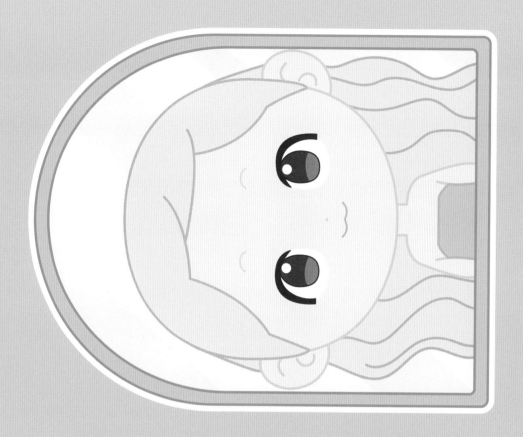

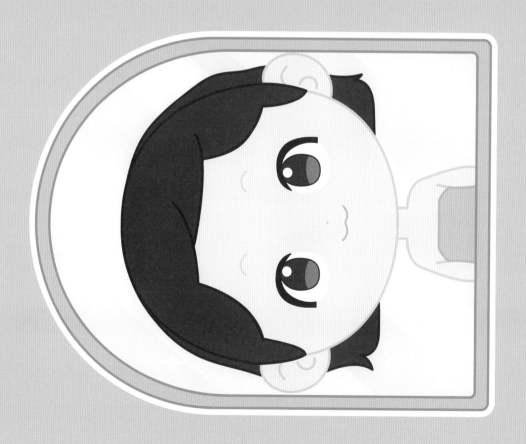

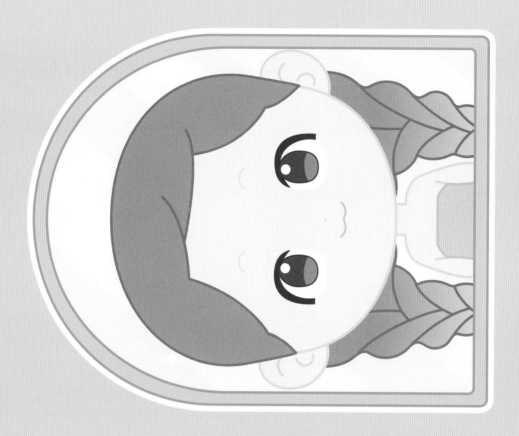

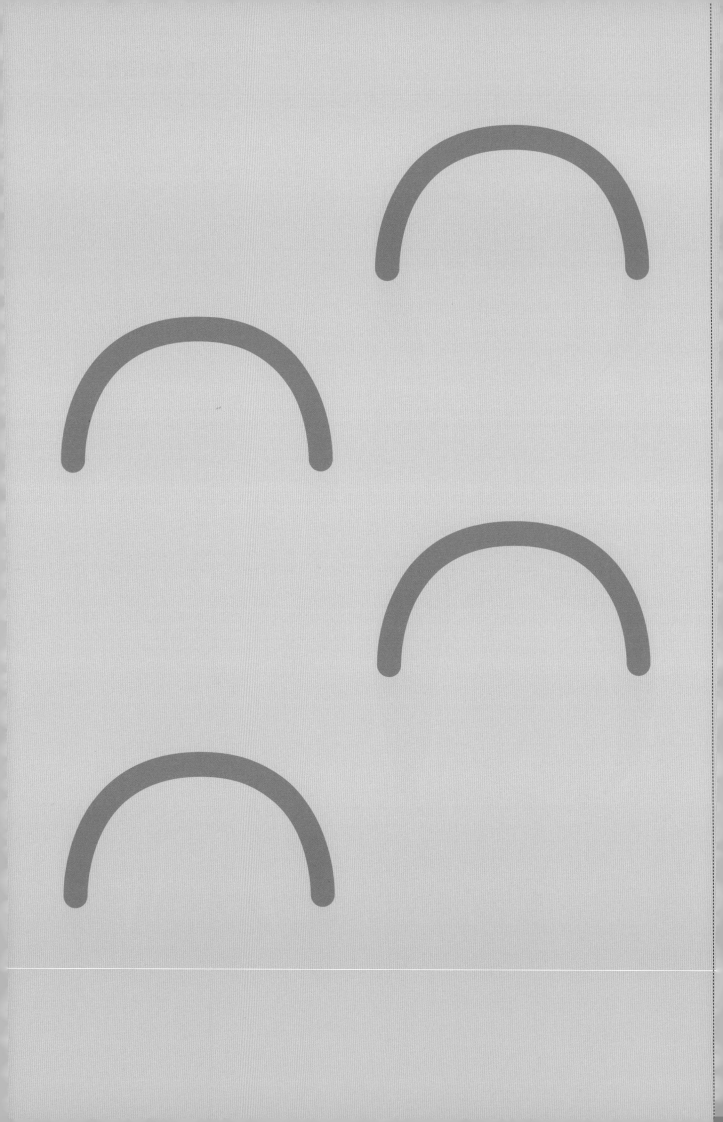

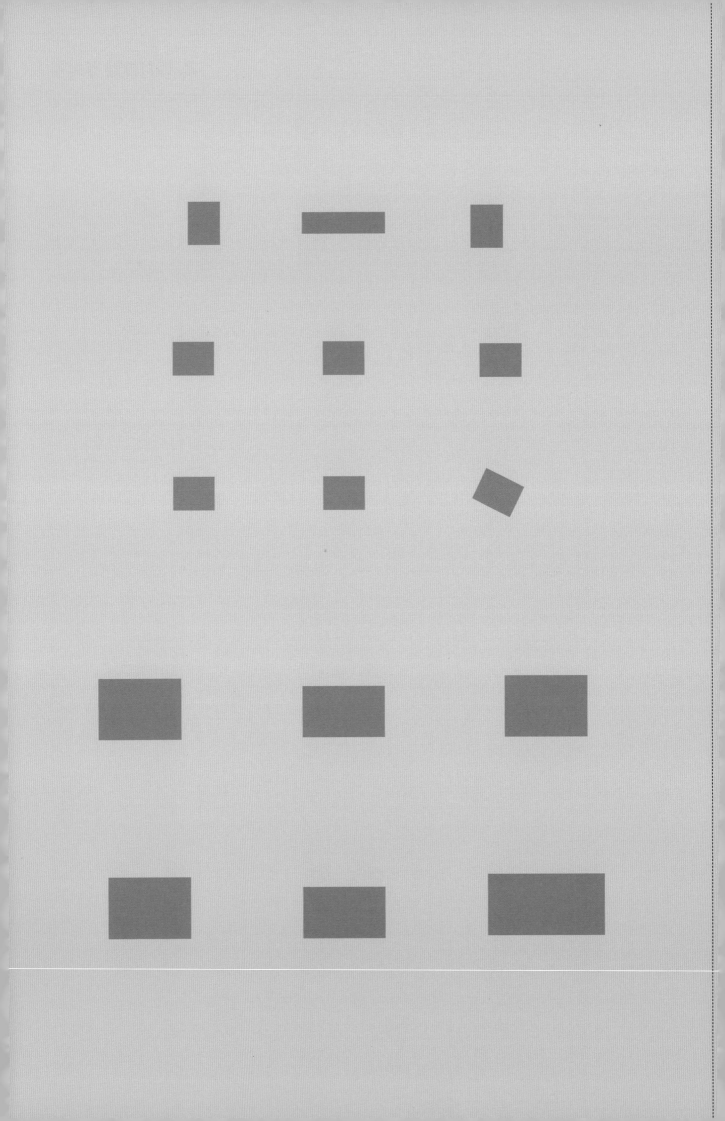

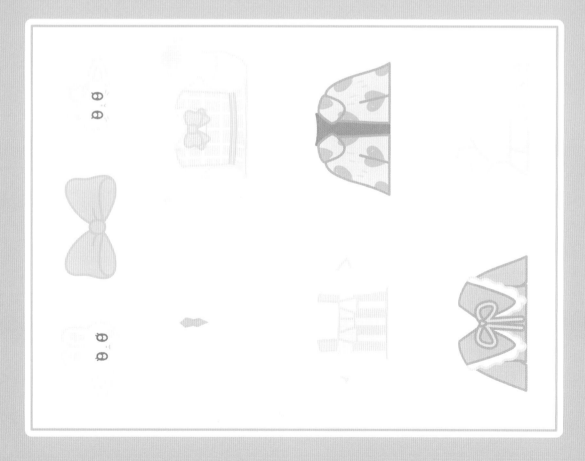

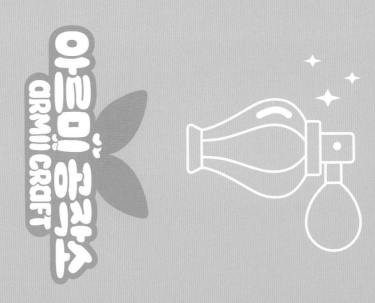

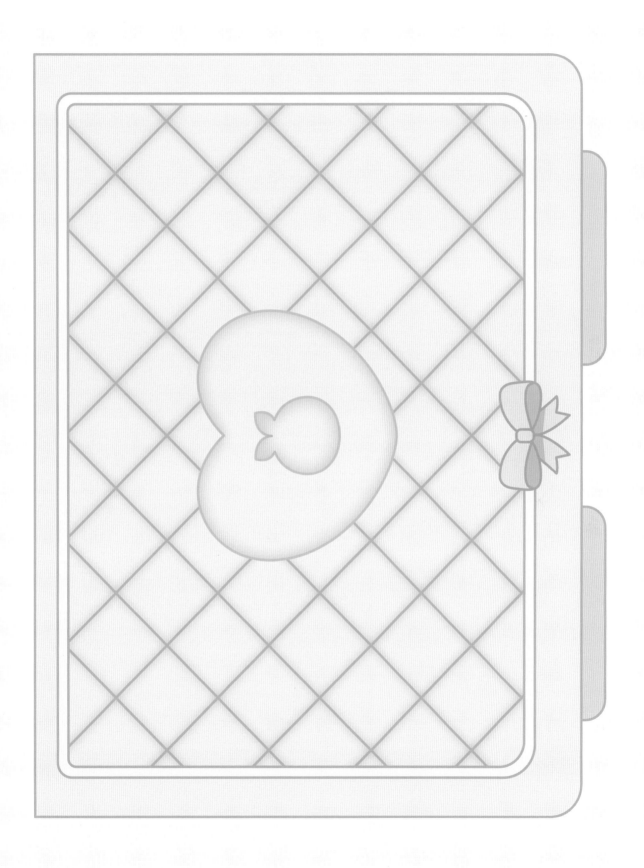

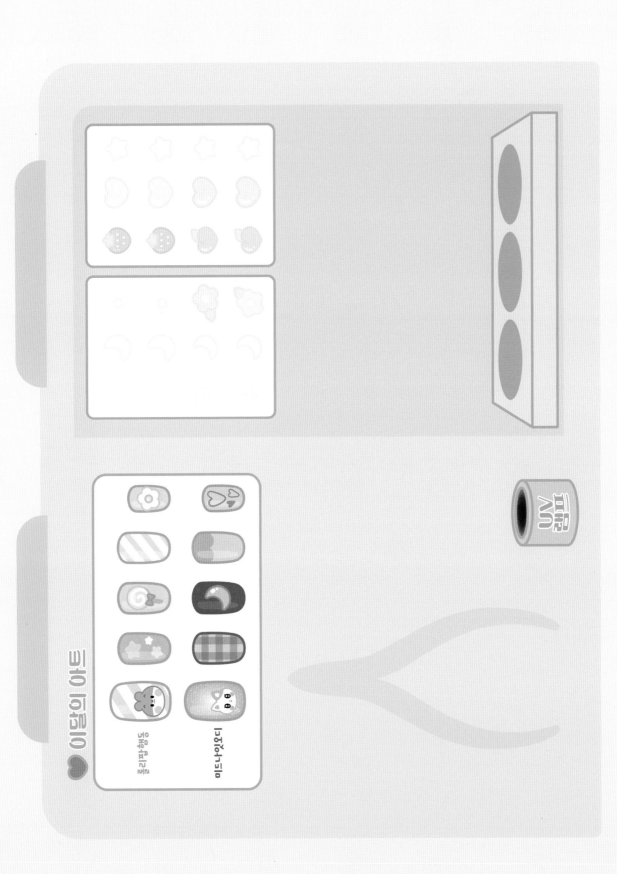

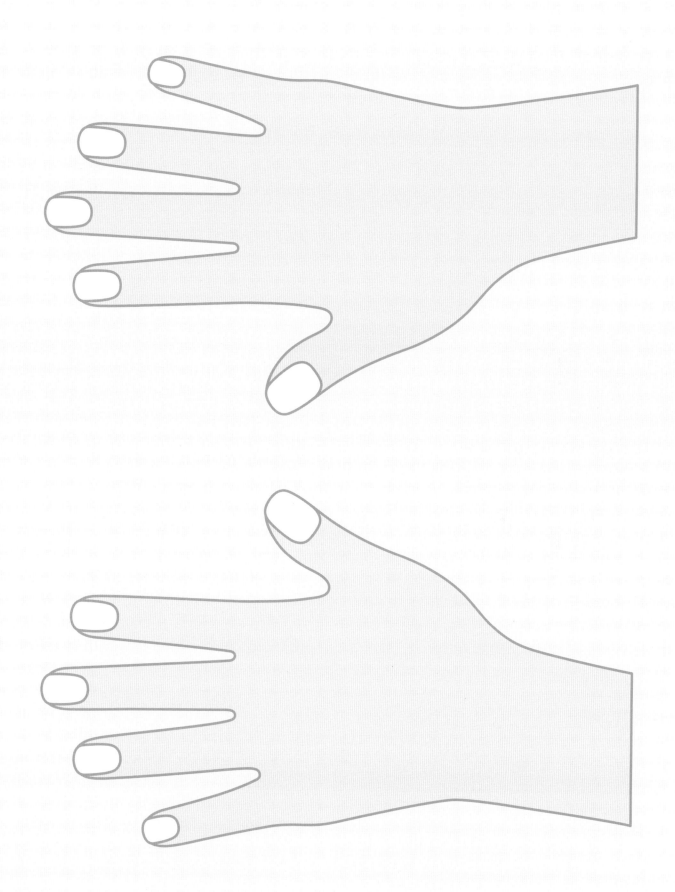

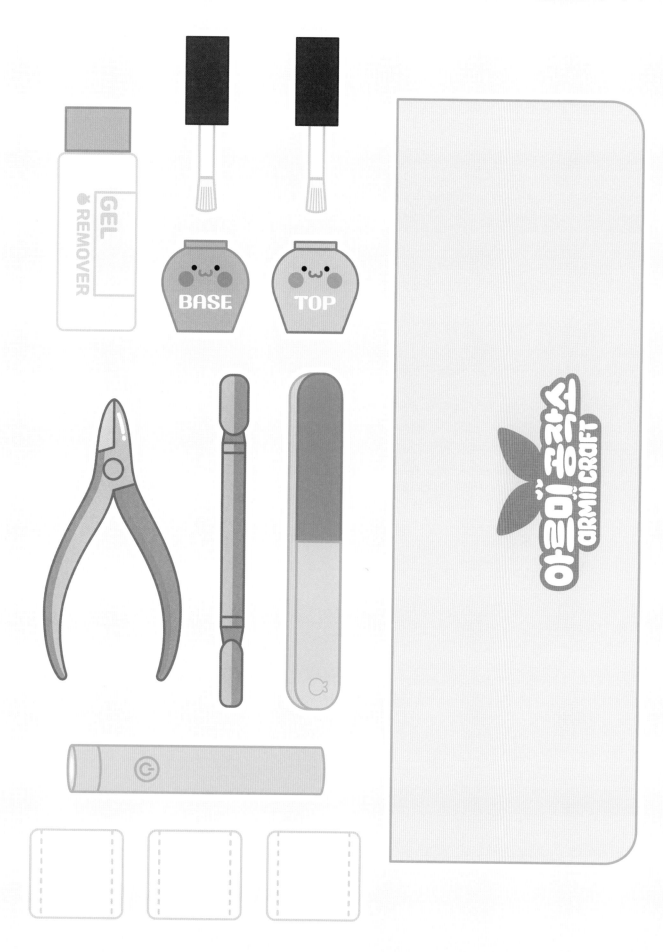

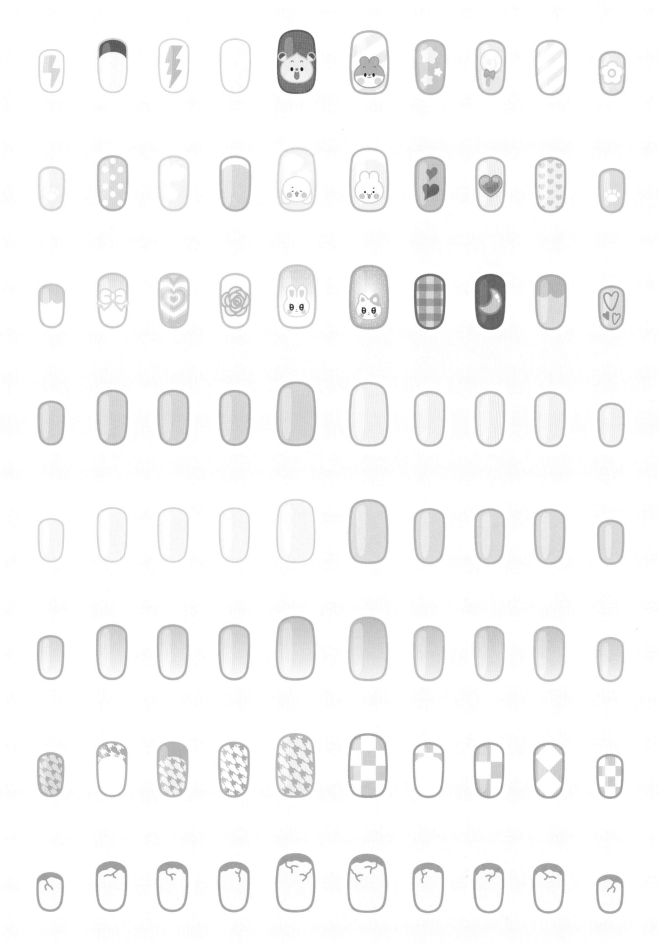

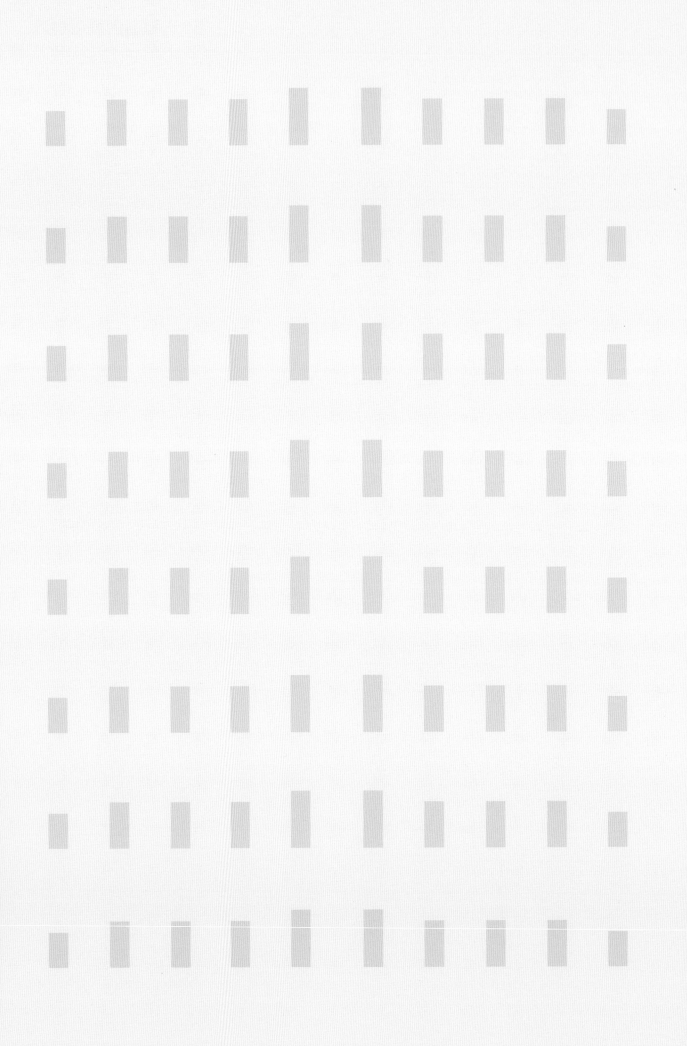

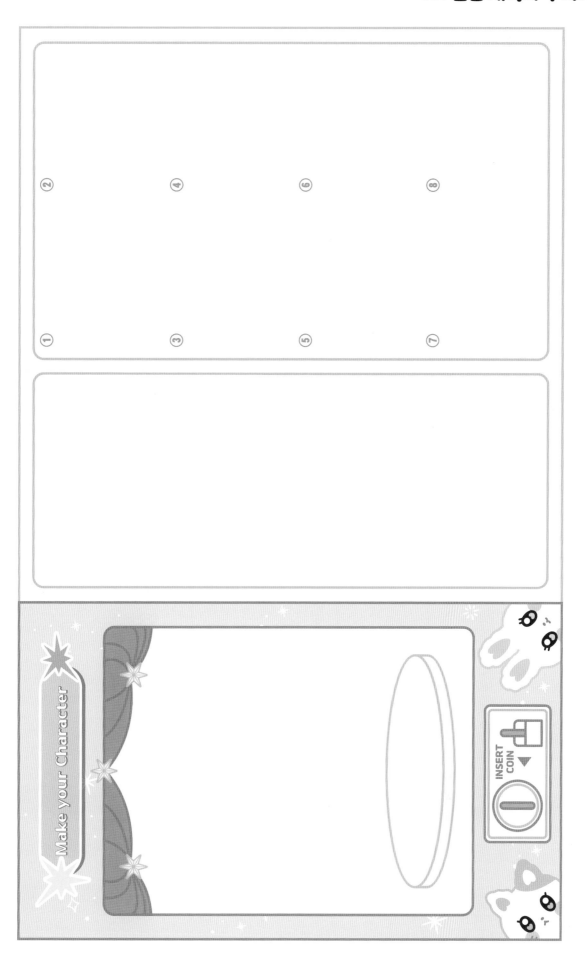

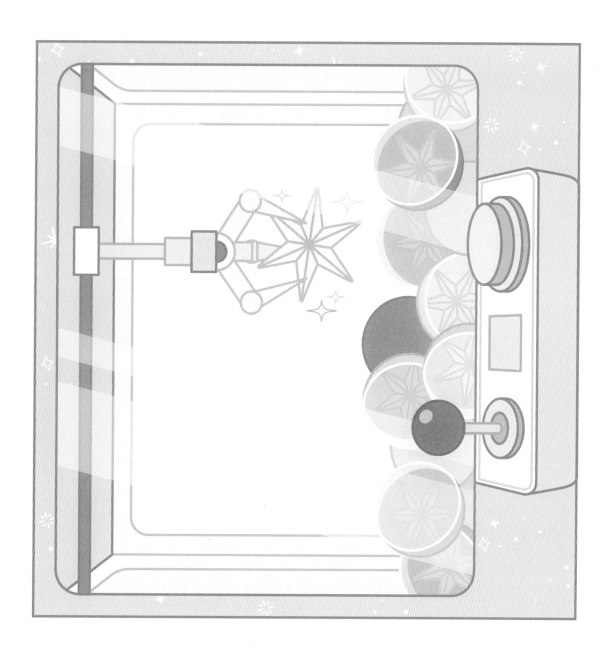

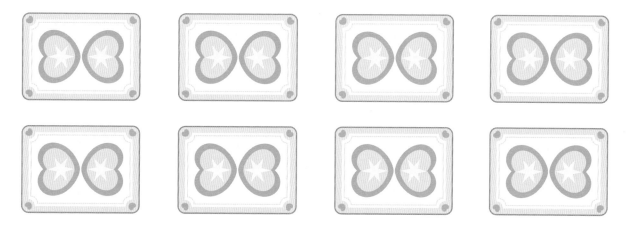

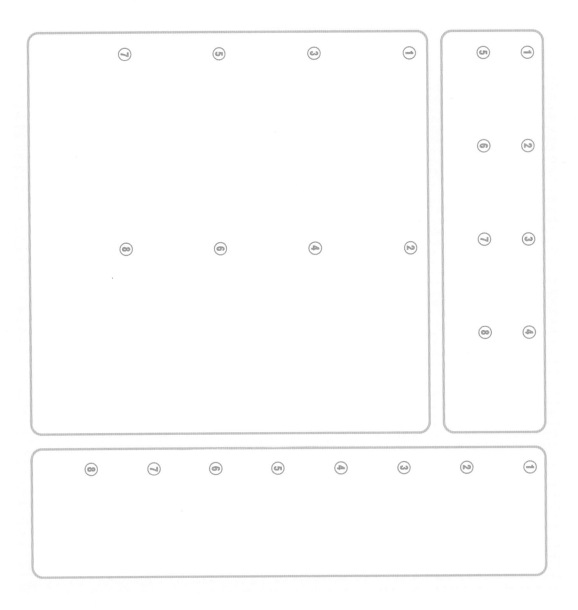

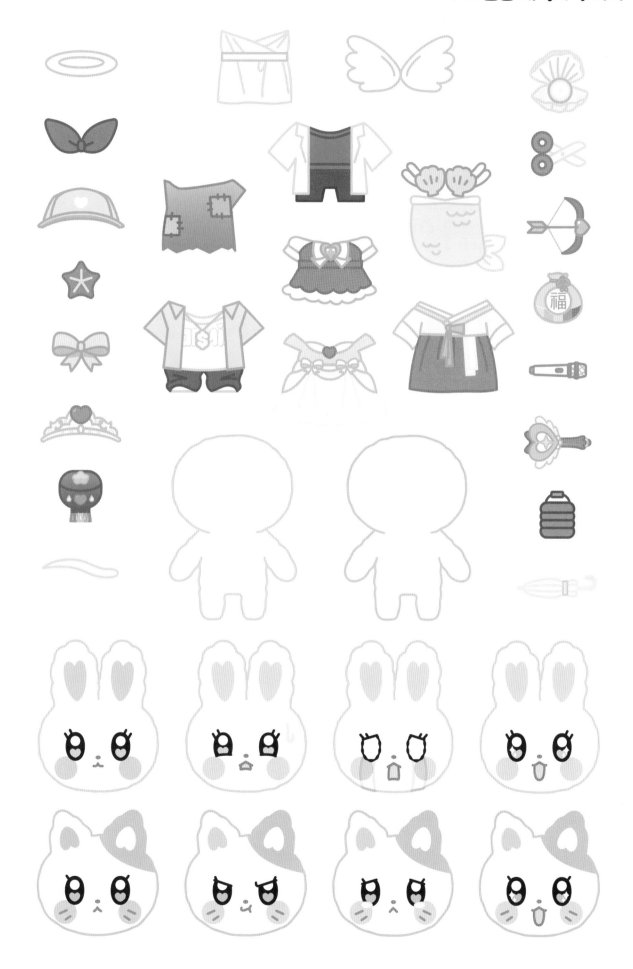

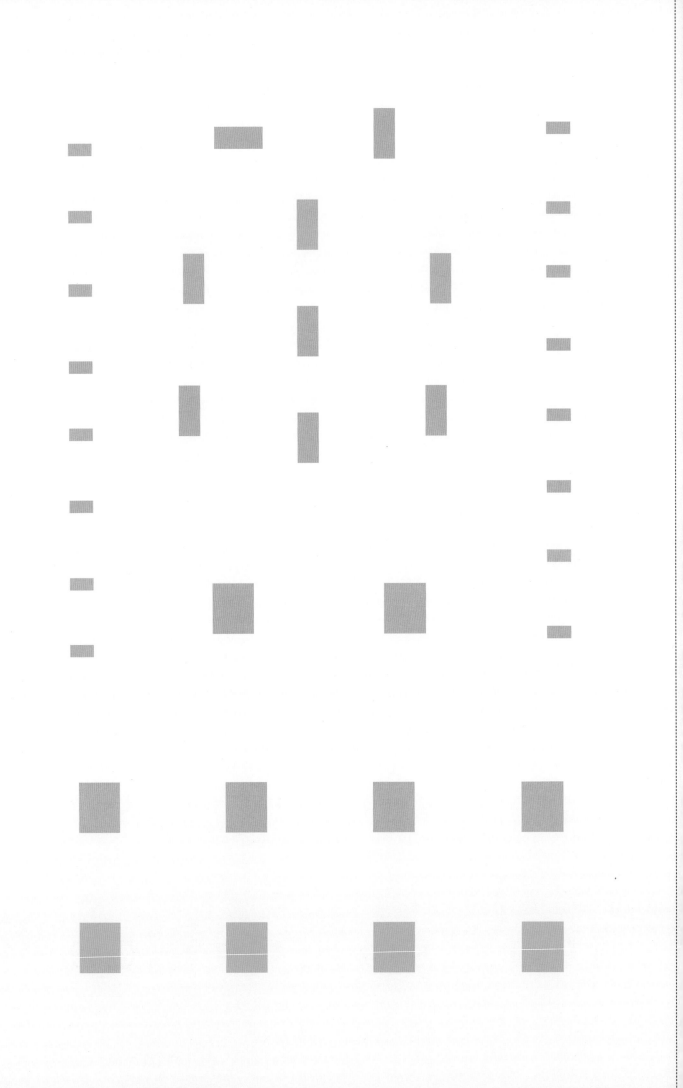

아르미 공작소의

띠부띠부 꾸미기 놀이

초판 1쇄 발행   2025년 2월 28일

지은이   아르미 박사
펴낸곳   ㈜에스제이더블유인터내셔널
펴낸이   양홍걸 이시원

블로그·인스타·페이스북 siwonbooks
주소   서울시 영등포구 영신로 166 시원스쿨
구입 문의   02)2014-8151
고객센터   02)6409-0878

ISBN 979-11-6150-950-1 (13630)

시원북스는 ㈜에스제이더블유인터내셔널의 단행본 브랜드
입니다.

독자 여러분의 투고를 기다립니다.
책에 관한 아이디어나 투고를 보내주세요.
siwonbooks@siwonschool.com